DROIT PÉNAL ET PROTECTION DES DENIERS PUBLICS

Logiques Juridiques
Collection dirigée par Thomas Perroud

Le droit n'est pas seulement un savoir, il est d'abord un ensemble de rapports et pratiques que l'on rencontre dans presque toutes les formes de sociétés. C'est pourquoi il a toujours donné lieu à la fois à une littérature de juristes professionnels, produisant le savoir juridique, et à une littérature sur le droit, produite par des philosophes, des sociologues ou des économistes notamment.

Parce que le domaine du droit s'étend sans cesse et rend de plus en plus souvent nécessaire le recours au savoir juridique spécialisé, même dans des matières où il n'avait jadis qu'une importance secondaire, les ouvrages juridiques à caractère professionnel ou pédagogique dominent l'édition, et ils tendent à réduire la recherche en droit à sa seule dimension positive. À l'inverse de cette tendance, la collection « Logiques juridiques » des éditions L'Harmattan est ouverte à toutes les approches du droit. Tout en publiant aussi des ouvrages à vocation professionnelle ou pédagogique, elle se fixe avant tout pour but de contribuer à la publication et à la diffusion des recherches en droit, ainsi qu'au dialogue scientifique sur le droit. Comme son nom l'indique, elle se veut plurielle.

Babacar GUEYE

DROIT PÉNAL ET PROTECTION DES DENIERS PUBLICS

Préface de M. Alassane NDIAYE

L'Harmattan

5-7, rue de l'École-Polytechnique ; 75005 Paris

www.editions-harmattan.fr

ISBN : 978-2-336-52135-0
EAN : 9782336521350

« De tous les êtres vivants en société, l'homme est le seul qui puisse dévier de la ligne sociale, en cédant à des préoccupations égoïstes quand le bien commun est en cause ; partout ailleurs, l'intérêt individuel est inévitablement coordonné ou subordonné à l'intérêt général. Cette double imperfection est la rançon de l'intelligence. »

Henri BERGSON

Les deux sources de la morale et de la religion, 1932

A mes père et mère, frères et sœurs, épouses et enfants, mes sources de motivation et d'inspiration.

Mention spéciale à ma chère maman. Que Firdaws soit sa demeure pour l'éternité.

REMERCIEMENTS

Rendons grâce à Dieu et remercions tous ceux qui, par leurs idées ou leur concours, ont contribué à enrichir notre réflexion.

Remercions, en particulier, M. Mamadou FAYE, Premier Président de la Cour des Comptes, sans l'aval duquel cet ouvrage n'aurait pu être publié.

Nos remerciements vont aussi à l'endroit de notre ami, Alassane NDIAYE, magistrat chevronné et consciencieux, qui nous a fait l'honneur de préfacer l'ouvrage.

TABLE DES SIGLES ET DES ABREVIATIONS

BCEAO :	Banque centrale des Etats de l'Afrique de l'Ouest
Cass. crim. :	Cour de Cassation, Chambre criminelle (France)
Cass. pén. :	Cour de Cassation, Chambre pénale (Sénégal)
CC :	Conseil constitutionnel
CDC :	Caisse des Dépôts et Consignations
CDF :	Chambre de Discipline financière de la Cour des Comptes
CE, Ass. :	Conseil d'Etat, Assemblée plénière
CEDEAO :	Communauté des Etats de l'Afrique de l'Ouest
CEDH :	Cour européenne des Droits de l'Homme
CENTIF :	Cellule nationale de Traitement des Informations financières
CP :	Code pénal
CPP :	Code de procédure pénale
CREI :	Cour de Répression de l'Enrichissement illicite
DDP :	Détournement de deniers publics
EPA :	Etablissement public à caractère administratif
EPIC :	Etablissement public à caractère industriel et commercial
HCJ :	Haute Cour de Justice

IGE :	Inspection générale d'Etat
LBC/FT/PADM :	Loi n° 2024-08 relative à la lutte contre le blanchiment de capitaux et le financement du terrorisme et de la prolifération des armes de destruction massive
OFNAC :	Office national de Lutte contre la Fraude et la Corruption
OHADA :	Organisation pour l'Harmonisation en Afrique du Droit des Affaires
ONRAC :	Office national de Recouvrement des Avoirs criminels
ONU :	Organisation des Nations unies
PJF :	Pool judiciaire financier
PPP :	Contrat de partenariat public-privé
RGCP :	Décret n° 2020-978 du 23 avril 2020 portant Règlement général sur la comptabilité publique
SAPPM :	Société anonyme à participation publique majoritaire
SN :	Société nationale
SNR :	Société nationale de Recouvrement
TGI :	Tribunal de grande instance
UEMOA :	Union économique et monétaire Ouest-africaine

PRÉFACE

Les deniers publics constituent un levier incontournable sur lequel l'Etat s'appuie pour son fonctionnement courant et la mise en œuvre des politiques économiques et sociales.

Leur protection est un enjeu permanent pour non seulement s'assurer de leur bon emploi, mais aussi renforcer la confiance du contribuable et des partenaires au développement.

C'est pourquoi, le Sénégal s'est très tôt engagé dans cette dynamique qui s'est traduite, au fil des ans, par la mise en place d'un cadre juridique et institutionnel qui promeut l'efficacité, l'efficience, l'économie et la transparence dans la gestion des deniers publics.

L'auteur de l'ouvrage, un magistrat chevronné, exigeant et méticuleux, a fait le choix d'orienter sa réflexion sur les mécanismes répressifs mis en place par les pouvoirs publics en vue de la sauvegarde de ces deniers.

Babacar, comme je l'appelle affectueusement, jette un regard objectif sur les règles et outils existants, en mettant l'accent sur les atouts et les insuffisances, tout en formulant des recommandations qui pourraient améliorer ce dispositif.

Le sujet qu'il s'est proposé de développer, « droit pénal et protection des deniers publics », est la parfaite illustration de son envie de partager son intéressant parcours professionnel.

De magistrat du parquet à conseiller à la Cour des Comptes, en passant par les fonctions de juge d'instruction, il a été très souvent confronté à des dossiers comportant des enjeux liés à la protection des biens ou fonds publics.

Combinant expérience et subtilité dans l'analyse, il procède à une présentation détaillée des incriminations existantes en matière d'atteintes aux deniers publics, tout en mettant en évidence d'autres comportements répréhensibles que le droit pénal sénégalais gagnerait à prendre en compte.

Les peines attachées à ces incriminations sont également passées au crible avec des propositions de réformes destinées à accroitre leur efficacité.

Babacar lève aussi un coin du voile sur les règles de procédure pénale favorables ou non à la répression des atteintes aux derniers publics, et cela depuis l'enquête jusqu'à l'exécution des décisions de justice.

Il met un accent particulier sur la nécessité d'éliminer les sources d'entrave et d'inefficacité dans la répression et de s'approprier davantage les techniques d'enquête spéciales et l'entraide judiciaire internationale pour une traque et un recouvrement optimaux des avoirs mal acquis.

Le présent ouvrage est simple à lire et facile à comprendre. Je le recommande vivement à toutes celles et tous ceux qui s'intéressent à la bonne gouvernance, à la transparence et à la reddition des comptes.

Les professionnels du droit, notamment les acteurs de la chaîne pénale, ainsi que les chercheurs et les étudiants y trouveront leur compte, mais aussi les décideurs politiques, qui pourraient s'en inspirer pour améliorer le dispositif de lutte contre la criminalité financière.

Il me revient ainsi l'honneur de féliciter vivement l'auteur pour ce premier chef-d'œuvre qu'il a bien voulu mettre à notre disposition, avec l'espoir nourri que d'autres, encore aussi passionnants, suivront.

Bonne lecture à toutes et à tous.

Alassane NDIAYE
Magistrat, Conseiller technique du Premier Ministre, chargé des Affaires juridiques
Décembre 2024

INTRODUCTION

L'Etat, en tant que personne morale, se voit confier la destinée d'un peuple ou d'une nation qui lui transfère ainsi sa souveraineté afin qu'il pourvoit à ses besoins tant dans l'ordre interne qu'au plan international.

Pour l'exécution de ses missions et la réalisation des objectifs à lui assignés, l'Etat mobilise des moyens parmi lesquels figurent au premier rang, les deniers publics.

En finances publiques, plus particulièrement en comptabilité publique, sont qualifiés de deniers publics les deniers appartenant ou confiés à l'Etat et aux autres organismes publics[1].

Historiquement, le terme denier désignait une monnaie romaine puis une monnaie française. Aujourd'hui, il est synonyme d'argent ou de fonds lorsqu'il est employé au pluriel[2].

En France, le décret relatif à la gestion budgétaire et comptable publique[3] n'emploie pas l'expression « deniers publics » mais parle plutôt de fonds, à l'instar du décret portant

---

[1] Article 2 du décret n° 2020-978 portant Règlement général sur la comptabilité publique (RGCP). Les organismes publics comprennent les collectivités territoriales, les établissements publics à caractère administratif (EPA), les agences d'exécution, les fonds, les organismes de sécurité sociale et les autres personnes morales soumises au régime de la comptabilité publique (article 1er du même décret). A noter que l'article 3 de la loi d'orientation n° 2022-08 relative au secteur parapublic, au suivi du portefeuille de l'Etat et au contrôle des personnes morales de droit privé bénéficiant du concours financier de la puissance publique étend la catégorie des organismes publics aux établissements publics à caractère industriel et commercial (EPIC).

[2] Dictionnaire Le Robert Dico en ligne, https://dictionnaire.lerobert .com/definition/denier# (consulté le 30 août 2024)

[3] Décret n° 2012-1246

Règlement général sur la comptabilité publique[4] qu'il a abrogé et remplacé.

L'attention particulière portée aux deniers publics dans la vie des Etats est sans doute liée à leur origine, autrement dit à la façon dont l'Etat s'en procure, et aux enjeux économiques et sociaux qu'ils suscitent.

En effet, l'argent public provient, pour l'essentiel, de prélèvements obligatoires et sans contrepartie directe : les impôts.

Ainsi, les deniers publics étant constitués de l'argent de tout le monde, l'on comprend leur sacralité et la rigueur qui inspire leur gestion (interdiction aux personnes non pourvues d'un titre légal de s'immiscer dans la gestion des biens et fonds publics, séparation des fonctions d'ordonnateur et de comptable, responsabilité personnelle et pécuniaire des comptables publics, sanction des gestions de fait et des fautes de gestion[5]...).

Cette rigueur imprime également les contrôles menés en la matière (responsabilité personnelle du contrôleur budgétaire dans le contrôle de l'imputation de la dépense, la disponibilité des crédits, la vérification des prix par rapport à la mercuriale et l'exactitude des calculs de liquidation de la dépense, sanction par la Chambre de Discipline financière de la Cour des Comptes (CDF) de la négligence des supérieurs dans le contrôle des actes de recettes ou de dépenses de leurs subordonnés, contrôle de la régularité des opérations budgétaires, financières et comptables ainsi que du bon emploi des crédits, fonds et valeurs publics par l'Inspection générale des Finances, l'Inspection générale d'Etat (IGE), le Contrôle financier et la Cour des Comptes[6]...).

---

[4] Décret n° 62-1587

[5] Voir articles 14, 15, 24, 37 du RGCP, 63 de la loi organique n° 2020-07 relative aux lois de finances, 29, 56 à 61 de la loi organique n° 2012-23 sur la Cour des Comptes, 29 et suivants du décret n° 2013-1449 fixant les modalités d'application de ladite loi

[6] Voir articles 209 du RGCP, 4 du décret n° 2014-1171 portant organisation du Ministère de l'Economie, des Finances et du Plan, modifié, 5, 6 de la loi n° 2011-14 portant statut des IGE, 2, 3 du décret n° 2007-809 fixant les règles d'organisation et de fonctionnement de

Au-delà de leur sacralité, les deniers publics soulèvent des enjeux économiques puisqu'étant un instrument incontournable, pour ne pas dire le premier, dans la mise en œuvre des politiques, stratégies et actions de développement.

Mais même avant d'en arriver là, les deniers conditionnent la stabilité sociale des Etats en ce qu'ils permettent de faire face aux charges quotidiennes à travers lesquelles sont satisfaits les besoins les plus divers des populations.

Parmi les règles et contrôles sur les deniers publics, certains sont destinés à accroître l'efficacité, l'efficience et l'économie dans leur gestion et leur utilisation, tandis que d'autres cherchent à prémunir contre les malversations et autres pratiques frauduleuses.

Certains de ces mécanismes ressortissent au droit financier public, surtout à la comptabilité publique, d'autres au droit de la commande publique[7] et quelques-uns, non des moindres, au droit pénal.

Le droit pénal joue un rôle crucial dans la sauvegarde des biens et fonds publics parce qu'il permet d'incriminer et de réprimer des comportements qui viennent à bout des règles de bonne gestion.

A la différence des dispositifs spécifiques qui emportent seulement des sanctions pécuniaires (discipline financière,

---

l'IGE, modifié, 7, 8 du décret n° 2007-909 relatif à l'organisation et au fonctionnement de la Présidence de la République, modifié, 3, 30, 31, 43, 46, 57 de la loi organique n° 2012-23, 7 à 10 et 40 à 48 du décret n° 2013-1449 op. cit.

[7] Le droit de la commande publique vise la transparence des procédures et l'optimisation des ressources à travers les contrats conclus par l'Etat et les autres entités publiques pour satisfaire leurs besoins en matière de travaux, fournitures et services ou pour nouer des partenariats avec le secteur privé pour le financement, la conception, la réalisation, la gestion ou l'exploitation d'ouvrages, d'équipements, de services ou de biens immatériels d'intérêt général (voir décret n° 2022-2295 portant Code des marchés publics et loi n° 2021-23 relative aux contrats de partenariat public-privé (PPP).

apurement des comptes[8], etc.), le droit pénal assure la sanction des contrevenants dans leur liberté et leur patrimoine tout en permettant de recouvrer les deniers distraits ou, à tout le moins, de réparer le préjudice subi par la collectivité ou l'organisme concerné.

En même temps qu'il réprime les atteintes à l'argent public, le dispositif pénal induit un effet de prévention en ce qu'il dissuade ceux qui ne sont pas encore passés à l'acte. C'est l'intimidation collective.

Au demeurant, il convient de relever que le droit pénal donne à la notion de deniers publics une définition opératoire[9] très large qui déborde les simples fonds et l'Etat et les autres organismes publics.

En effet, l'article 152 du Code pénal (CP) parle, en son alinéa 1er, de détournement ou soustraction de deniers ou effets en tenant lieu, pièces, titres de paiement, valeurs mobilières, actes contenant ou opérant obligation ou décharge, effets mobiliers, denrées, œuvres d'art ou objets quelconques au préjudice de l'Etat, d'une collectivité publique[10], d'un établissement public, d'une société nationale (SN), d'une société anonyme à participation publique majoritaire (SAPPM)[11], d'un ordre

[8] Voir articles 39, 40 du RGCP, 33, 37, 56 à 61 de la loi organique sur la Cour des Comptes, 25 du décret fixant les modalités d'application de ladite loi op. cit. et 251 de la loi n° 2013-10 portant Code général des collectivités territoriales, modifiée

[9] La définition opératoire ne dit pas ce qu'est la chose mais décrit les éléments qui permettent de la saisir, notamment à des fins pratiques.

[10] Collectivité publique est un nom générique englobant l'Etat, les collectivités territoriales et leurs groupements (voir Le Larousse, https://larousse.fr/dictionnaires/francais/collectivité (consulté le 30 août 2024).

[11] Les SN et les SAPPM formaient avec les EPIC les entreprises publiques ou entreprises du secteur parapublic sous l'empire de la loi n° 90-07 relative à l'organisation et au contrôle desdites entreprises et au contrôle des personnes morales de droit privé bénéficiant du concours financier de la puissance publique. Cette loi a été abrogée et remplacée par la loi d'orientation n° 2022-08 précitée qui inclut dans le secteur parapublic, les

professionnel ou d'un organisme privé bénéficiant d'un concours financier public, chargé d'une mission de service public ou reconnu d'utilité publique, puis en son alinéa 2, de détournement ou soustraction de deniers ou pièces au préjudice de personnes privées, par un agent d'une collectivité publique, un titulaire de mandat public, un dépositaire public[12] ou un officier public ou ministériel[13] à l'occasion de l'exercice de ses fonctions.

Il s'infère alors de cette disposition qu'en droit pénal, les deniers publics s'entendent aussi bien des fonds, valeurs et biens mobiliers appartenant[14] aux organismes publics, mais encore de ceux appartenant aux sociétés publiques et à certaines personnes privées.

L'efficacité du dispositif pénal de protection des deniers publics dépend, en grande partie, du caractère dissuasif des sanctions dont il menace les auteurs de malversations et autres formes d'abus. C'est l'aspect pénalisation, en d'autres termes, la définition des sanctions ou peines applicables.

---

sociétés publiques (SN et SAPPM) et les organismes publics, en intégrant dans cette dernière sous-catégorie, les EPIC.

12 Personne qui reçoit et gère des sommes d'argent, des titres ou des matières qu'il détient en vertu d'un titre légal.

13 Les officiers ministériels sont titulaires d'un office (ou charge) attribué par l'Etat pour exercer une activité qui, en général, constitue une tâche de service public (commissaire-priseur, notaire, huissier, etc.). Ils font partie de la catégorie plus vaste des officiers publics qui dressent, au nom de l'Etat, des actes authentiques et obligatoires. Mais, tous les officiers publics ne sont pas des officiers ministériels, exemple : les officiers d'état civil, les greffiers des cours et tribunaux et les conservateurs des hypothèques, qui ne sont pas titulaires d'une charge (Dictionnaire juridique de Serge BRAUDO, https://dictionnaire-juridique .com/definition/officier-ministeriel.php (consulté le 30 août 2024).

14 L'article 152 n'a pas employé le terme « appartenant » qui renvoie au droit propriété ; il parle de deniers ou autres détournés « au préjudice de... », ce qui n'exclut pas a priori les fonds ou biens confiés aux organismes publics (deniers privés réglementés), dont ils sont garants de la conservation et de la représentation.

Mais, au préalable, faudrait-il parvenir à bien identifier et sérier les comportements préjudiciables, de sorte à ne laisser aucun vide ou poche d'impunité. C'est l'aspect incrimination.

Le trait d'union entre l'infraction et la peine étant la procédure, cette dernière revêt également une importance capitale.

Par ailleurs, l'effectivité de la répression des atteintes et celle du recouvrement des deniers perdus doivent être au rendez-vous, sinon les efforts déployés dans l'incrimination, la pénalisation et la procédure seraient vains.

Ainsi, la présente réflexion s'attachera-t-elle à décortiquer les conditions d'efficacité du dispositif pénal destiné à protéger les deniers publics contre les formes d'atteintes les plus graves.

Pour ce faire, il y aura lieu de distinguer entre, d'une part, les éléments de fond de ce dispositif et, d'autre part, ses éléments de procédure.

Toutefois, il ne sera pas abordé les aspects liés au droit pénal fiscal ou au droit pénal douanier, lesquels sont assez spécifiques et déjà très en avance dans la logique d'efficacité comme en témoignent leurs mécanismes de sanction (peines pécuniaires privilégiées, amendes très souvent indexées à la valeur des droits éludés, de l'objet de la fraude ou des objets confisqués, possibilité de confiscations, d'astreintes, etc.) et de procédure (possibilité d'infiltration, de livraison surveillée, de provocation à l'infraction, de transaction avant ou après jugement définitif, etc.)[15].

Par ailleurs, pour les besoins de l'argumentation et compte tenu du caractère hétéroclite des infractions qui seront abordées et de la difficulté à trouver un critère étanche pour les classer, il est le fait le choix de les désigner sous l'expression générique d'infractions liées aux deniers publics, étant entendu que ce lien est direct pour les unes et éventuel ou potentiel pour les autres.

---

[15] Voir lois n° 2012-31 et 2014-10 portant, respectivement, Code général des impôts et Code des douanes et leurs lois modificatives, le cas échéant

CHAPITRE PREMIER

Les éléments de fond du dispositif pénal de protection des deniers publics

Les éléments de fond ont trait aux incriminations et aux peines, chacun de ces deux aspects jouant un rôle crucial.

Section 1ère : Les incriminations

Pour répondre au souci d'efficacité, c'est-à-dire contribuer décisivement à la sauvegarde des deniers publics, le législateur, dans son œuvre d'incrimination, doit mailler l'ensemble des comportements commis de mauvaise foi ou, dans certains cas, par négligence, portant directement atteinte à ces deniers ou qui leur sont potentiellement préjudiciables.

Paragraphe 1er : Les infractions commises directement contre les deniers publics

Les situations dans lesquelles une personne peut attenter directement à l'argent ou aux biens publics sont nombreuses, mais on peut en retenir les plus importantes, à savoir le détournement, l'escroquerie, la soustraction de deniers publics, la concussion et quelques autres infractions à créer.

A) Le détournement de deniers publics

L'article 152 du CP qui incrimine et réprime le détournement de deniers publics (DDP), suscite, de prime abord, deux observations : d'une part, il n'a pas donné une définition essentielle[16] de l'infraction ; d'autre part, il traite en même temps et indistinctement du détournement et de la soustraction de deniers publics alors qu'il s'agit de deux infractions différentes, notamment en ce qui concerne la qualité de leurs auteurs.

Le lexique des termes juridiques[17] définit le détournement de fonds ou d'objets comme une atteinte aux droits sur une chose ou sur des fonds, au besoin par une appropriation, en abusant de la confiance donnée par autrui, et il donne l'exemple du détournement d'objets donnés en gage ou de fonds publics dont on est le dépositaire.

Cette définition cadre avec celle donnée par le CP français au détournement de fonds ou biens publics. En effet, l'article 432-15 dudit code incrimine le fait pour une personne dépositaire de l'autorité publique ou chargée d'une mission de service public, un comptable public, un dépositaire public ou l'un de ses subordonnés, de détourner un acte ou un titre, ou des fonds publics ou privés, ou effets, pièces ou titres en tenant lieu, ou tout autre objet qui lui a été remis en raison de ses fonctions ou de sa mission.

Le DDP est donc aux fonds et biens publics, ce qu'est l'abus de confiance aux biens des particuliers, avec cette différence que pour le premier, ce n'est pas l'inexécution, après mise en demeure, d'un contrat particulier[18] qui sous-tend le détournement, mais plutôt la violation d'un devoir de probité inhérent à ses fonctions ou à sa mission[19].

---

16 La définition essentielle dit ce qu'est la chose à travers ce qui en constitue l'essence ou la substance.

17 Dalloz, 21e édition, 2014, page 325

18 En matière d'abus de confiance, l'auteur doit avoir reçu les fonds ou les biens sur la base d'un des contrats visés à l'article 383 du CP (louage, dépôt, mandat, nantissement, prêt à usage, travail salarié ou non salarié).

19 L'article 432-15 du CP français qui incrimine le détournement de fonds ou biens publics, est situé dans une section intitulée « des manquements au devoir de probité ».

En disséquant l'article 152 du CP, l'on peut en extirper deux éléments essentiels parmi les éléments matériels qui constituent l'infraction de détournement : il s'agit de la qualité des auteurs de cette infraction et de la nature des biens qui en sont l'objet.

Les personnes susceptibles de commettre un DDP sont ainsi les agents d'une collectivité publique, les titulaires de mandat public, dépositaires publics, officiers publics ou ministériels et dirigeants ou agents des établissements publics, SN, SAPPM et organismes privés bénéficiant d'un concours financier public, chargés d'une mission de service public ou reconnus d'utilité publique.

Il y a lieu de relever que les dirigeants et agents des sociétés à participation publique minoritaire (différentes des sociétés publiques et des personnes morales de droit privé bénéficiant d'un concours financier public[20]) n'ont pas été visés dans cette énumération.

Dès lors, les principes de légalité des crimes, délits et peines et d'interprétation stricte de la loi pénale[21] commandent une réécriture de l'article 152 afin d'optimiser la protection des deniers publics.

En France, procédant à la systématisation des profils des auteurs ou victimes d'infractions liées à l'exercice de fonctions

---

[20] Voir loi n° 2022-08 relative au secteur parapublic, au suivi du portefeuille de l'Etat et au contrôle des personnes morales de droit privé bénéficiant du concours financier de la puissance publique (articles 3, 13 et 14, notamment)

[21] Le principe de légalité postule qu'on ne puisse être condamné pénalement qu'en vertu d'un texte de loi clair et précis (CC, décision n° 80-127 DC, 20 janvier 1981, https://www.conseil-constitutionnel.fr/decision/1981/80127DC.htm (consulté le 30 août 2024). Son corollaire, le principe de l'interprétation stricte commande au juge de privilégier la lettre du texte quand celui-ci est clair et de ne pas l'étendre à d'autres situations par analogie. Toutefois, face à l'évolution ou au progrès, le juge peut interpréter un texte clair en recherchant le but ou la finalité poursuivie par le législateur (interprétation téléologique). Il peut également, lorsque le texte n'est pas suffisamment clair, l'interpréter dans un sens favorable à la personne poursuivie (interprétation in favorem).

publiques, le législateur, en 1992, a abandonné les notions restrictives de « fonctionnaire », « agent du gouvernement », « citoyen chargé d'un ministère de service public », etc. pour trois catégories génériques très expressives : les dépositaires de l'autorité publique, les titulaires de mandat électif public et les personnes chargées d'une mission de service public[22].

S'agissant des biens susceptibles de détournement, ce sont, d'une part, les deniers ou effets en tenant lieu, pièces, titres de paiement, valeurs mobilières, actes contenant ou opérant obligation ou décharge, effets mobiliers, denrées, œuvres d'art ou objets quelconques appartenant[23] aux organismes visés dans l'article 152 (voir supra, pages 20 et 21), et d'autre part, les deniers ou pièces appartenant à des personnes privées et détournés par un agent d'une collectivité publique, un titulaire de mandat public, un dépositaire public ou un officier public ou ministériel à l'occasion de l'exercice de ses fonctions.

Au-delà de ses éléments matériels, le DDP comporte un élément moral, en l'occurrence l'intention frauduleuse, laquelle peut être déduite de l'utilisation des fonds ou biens en cause à des fins personnelles ou d'autres faits tels que l'inscription d'écritures inexactes pour dissimuler les malversations ou la disparition de pièces comptables susceptibles de prouver que les deniers manquants ont été utilisés à des fins personnelles[24].

Ainsi, un simple manquant ou déficit de caisse sans caractérisation de l'intention frauduleuse de son auteur, ne

---

[22] Marion WAGNER, « Le droit pénal spécial et les fonctions publiques : une illustration des affres de la pénalisation à outrance », Revue de science criminelle et de droit pénal comparé, 2011/1 n° 1, https://www.cairn.info/revue-de-science-criminelle-et-de-droit-penal-compare- 2011-1-page-37.htm (consulté le 30 août 2024)

[23] Voir supra, note de bas de page n° 14

[24] Cass. crim., 29 juin 2016, n° 15-83598, https://juricaf.org/arret/France-COURDECASSATION-20160629-1583598 et Cass. pén., 20 avril 1999, n° 50, https://juricaf.org/arret/SENEGAL-COURDECASSATION-19990420-50 (consultés le 30 août 2024)

saurait suffire pour retenir la responsabilité de celui-ci au titre du DDP[25].

Dans le cas du comptable public, il est présumé coupable de malversation s'il « ne peut établir la distinction entre les fonds et valeurs qu'il détient ès qualités et ceux qu'il possède à titre personnel ». Il en est de même lorsqu'il « dépose ou investit, en son nom personnel, tout ou partie des fonds ou valeurs qu'il détient ès qualités »[26].

Le DDP est non seulement réprimé en soi, mais aussi sa tentative et sa complicité, sans oublier le recel de fonds ou biens provenant ou obtenus à l'aide d'un détournement.

A ce niveau, il convient de relever que l'emprunt de pénalité entre la complicité et le fait principal[27] ne joue pas en matière de recel, ce qui induit que le recéleur de fonds ou biens publics détournés n'encourt que les peines du recel de droit commun.

En outre, ce dernier échappe à la rigueur de la procédure applicable à l'auteur principal et à ses complices (délai de prescription rallongé, détention provisoire obligatoire à certaines conditions, durée du mandat de dépôt illimitée, bénéfice des circonstances atténuantes et du sursis réglementé[28], etc.).

D'où l'intérêt, lors des poursuites, de viser en lieu et place du recel, le blanchiment de capitaux puni de peines plus

---

[25] Cass. pén., 18 avril 1995, n° 14, https://juricaf.org/arret/SENEGAL-COURDECASSATION-19950418-14 (consulté le 30 août 2024)

[26] Article 10 du décret n° 62-195 portant réglementation concernant les comptables publics. La matière pénale relevant de la loi (sauf pour les contraventions) en vertu de l'article 67 de la Constitution, cette disposition devrait être reprise par le CP. Elle devrait également être étendue aux régisseurs et billeteurs.

[27] L'emprunt de pénalité signifie que le complice est puni de la même peine (la peine portée par la loi et non la peine prononcée par le juge) que l'auteur principal (voir article 45 du CP).

[28] Voir articles 155 du CP, 127 bis et 140 du Code de procédure pénale (CPP)

dissuasives, pour ne pas dire plus sévères[29] et dont le délai de prescription est plus long (7 ans)[30]. Il s'agit même d'un impératif si l'on sait qu'en cas de concours idéal d'infractions[31], celle ayant la plus haute expression pénale doit être privilégiée en principe[32].

Le DDP est une infraction relativement simple qu'un contrôle interne ou externe (contrôle de caisse, inventaire, recollement, etc.) peut permettre de déceler, à la différence de l'escroquerie qui apparaît plus sophistiquée.

B) L'escroquerie sur les deniers publics

Elle est définie par l'article 153 du CP comme le fait pour une personne d'obtenir frauduleusement de l'Etat, d'une collectivité publique, d'une SN ou d'une SAPPM, des sommes d'argent ou avantages matériels indus au moyen de fausses pièces ou de manœuvres quelconques, ou pour un agent d'une

---

[29] Voir articles 184 et suivants de la loi n° 2024-08 relative à la lutte contre le blanchiment de capitaux et le financement du terrorisme et de la prolifération des armes de destruction massive (LBC/FT/PADM)

[30] Voir article 8 du CPP. A noter que c'est une dérogation au délai de prescription de droit commun des délits qui est de trois ans, introduite par la réforme du CPP de 2016 (loi n° 2016-30) et réaffirmée par celle de 2021 (loi n° 2021-34).

[31] Il y a concours idéal d'infractions lorsqu'un même fait matériel est susceptible de plusieurs qualifications pénales. S'il s'agit d'une pluralité de faits matériels, on parlera de concours réel.

[32] Cass. crim., 26 octobre 2016, n° 15-84552, https://www.legifrance.gouv.fr/juri/id/JURITEXT000033320991/ (consulté le 30 août 2024). En l'espèce, la haute juridiction invoquant la méconnaissance du principe non bis in idem (qui postule que nul ne puisse être poursuivi ou puni deux fois en raison des mêmes faits), a cassé l'arrêt de la Cour d'appel qui a déclaré le prévenu coupable de recel portant sur des fonds provenant d'une escroquerie, versés sur son compte, pour lesquels il a également été déclaré coupable de blanchiment. La Cour de Cassation a ainsi énoncé dans un attendu de principe que « des faits qui procèdent de manière indissociable d'une action unique caractérisée par une seule intention coupable ne peuvent donner lieu, contre le même prévenu, à deux déclarations de culpabilité de nature pénale, fussent-elles concomitantes ».

collectivité publique, un titulaire de mandat public, un dépositaire public ou un officier public ou ministériel d'obtenir frauduleusement d'une personne privée, par les mêmes moyens, des sommes d'argent ou avantages matériels indus à l'occasion de l'exercice de ses fonctions.

De manière générale, l'escroquerie consiste en une tromperie destinée à déterminer une personne physique ou morale à remettre des fonds, valeurs, titres ou biens quelconques, à fournir des avantages, commodités ou services, ou à consentir un acte opérant obligation ou décharge[33].

Le délinquant recourt ainsi à un mensonge appuyé par un procédé frauduleux (usage de faux nom, fausse qualité ou abus de vraie qualité, production d'un écrit, certification par un tiers, machinations, mises en scène, artifices, etc.).

Relativement à la qualité des victimes d'escroquerie sur les deniers publics, l'article 153 précité semble assez réducteur.

En effet, au lieu de reprendre l'énumération de l'article 152 par simple renvoi, il fait juste référence à l'Etat, aux autres collectivités publiques, aux SN et aux SAPPM, laissant ainsi en rade les établissements publics, les ordres professionnels, les sociétés à participation publique minoritaire et les organismes privés bénéficiant d'un concours financier public, chargés d'une mission de service public ou reconnus d'utilité publique.

Il se pose, dès lors, la question de savoir si dans son pouvoir prétorien[34], le juge peut étendre l'escroquerie sur les deniers publics à ces organismes.

Une telle possibilité semble exclue au regard des principes de légalité des crimes, délits et peines et d'interprétation stricte de la loi pénale[35], d'où la nécessité d'une réécriture de l'article 153.

---

[33] Articles 379 et 379 bis du CP

[34] C'est le pouvoir de créer du droit appelé jurisprudence.

[35] Voir supra, note de bas de page n° 21

Les développements sur le DDP, en ce qui concerne la tentative, la complicité et le recel sont également valables pour l'escroquerie ainsi que pour la soustraction de deniers publics.

C) La soustraction de deniers publics

L'article 152 du CP traite en même temps du détournement et de la soustraction de deniers publics en disant « toute personne qui aura détourné ou soustrait ou tenté de détourner ou de soustraire… », ce qui n'empêche pas que ces deux infractions soient distinctes par rapport à leurs éléments constitutifs (voir supra, page 24).

La soustraction de deniers publics est pour l'argent et les biens publics, ce qu'est le vol pour les biens des particuliers, autrement dit la soustraction frauduleuse de fonds ou biens mobiliers[36].

La notion de soustraction a connu une évolution en jurisprudence. En effet, si au début, elle désignait le fait d'appréhender et de déplacer une chose (soustraction matérielle), elle a fini par traduire une usurpation de la possession (soustraction juridique).

Cette seconde acception de la notion de soustraction a permis de réprimer, au titre du vol, les cas de remises purement matérielles et de remises par erreur que ni la qualification d'escroquerie, ni celle d'abus de confiance ne permettaient de prendre en charge.

Au demeurant, si à l'origine, l'intention de s'approprier la chose d'autrui était exigée, au titre de l'élément moral du vol, la jurisprudence a évolué sur ce point pour retenir, en définitive, l'intention de se comporter comme propriétaire de la chose d'autrui même momentanément, ce qui a permis la répression du vol d'usage.

---

[36] Article 364 du CP. A noter toutefois qu'à la différence de l'article 311-1 du CP français qui parle de « soustraction frauduleuse de la chose d'autrui », l'article 364 réprime celui qui « soustrait frauduleusement une chose qui ne lui appartient pas ».

Après le triptyque détournement, escroquerie et soustraction de deniers publics, une autre forme d'agissement impactant directement les ressources publiques est constituée par la concussion.

D) La concussion

Elle désigne le fait de percevoir ou d'exiger, pour droits, contributions, taxes, deniers, salaires ou traitements, ce qui n'est pas dû ou excède ce qui est dû, ou d'ordonner des contributions autres que celles prévues par la loi, ou même d'établir le rôle de telles contributions ou d'en faire le recouvrement, ou encore d'accorder, en violation de la loi ou du règlement, des exonérations de droits, impôts ou taxes ou de délivrer gratuitement des produits ou services payants de l'Etat[37].

Au titre des personnes susceptibles de commettre ce délit, l'article 156 du CP énonce les fonctionnaires, officiers publics et percepteurs des droits, contributions ou deniers publics, leurs commis ou préposés, les agents ou employés, les greffiers, officiers ministériels et, d'une façon générale, les détenteurs de l'autorité publique.

En France, le législateur vise, en plus des dépositaires de l'autorité publique, les personnes chargées d'une mission de service public[38], ce qui a pour effet d'élargir le champ de l'incrimination.

Lorsqu'elle consiste à exiger ce qui n'est pas dû ou au-delà de ce qui est dû, la concussion a pour effet d'accabler le contribuable ou l'usager du service.

C'est là toute la différence entre la concussion et la corruption. Dans la première, celui qui donne indûment est victime de la manœuvre de l'agent public et n'a rien à gagner dans celle-ci, alors que dans la seconde, il prend part

---

[37] Article 156 du CP

[38] Article 432-10 du CP

activement à cette manœuvre dans laquelle il est intéressé et engage sa responsabilité pénale.

Lorsqu'elle emporte une exonération de droits ou taxes ou la délivrance gratuite de produits ou services publics soumis à prix, la concussion occasionne un manque à gagner pour la collectivité ou l'organisme considéré.

Il convient de relever que la jurisprudence française a eu à appliquer le délit de concussion à des indemnités (notamment de maire), traitements, salaires et primes d'agents publics de l'Etat ou de collectivités territoriales perçus en violation de la réglementation, en recourant à la notion de « droits rémunératoires »[39].

Ainsi, un maire et un directeur de caisse de prévoyance sociale ont-ils été déclarés convaincus du délit de concussion pour avoir perçu, au-delà de ceux auxquels ils savaient avoir droit, des salaires et indemnités dont l'attribution et le montant sont arrêtés, conformément aux textes applicables, par l'autorité publique[40].

Cette forme de concussion peut affecter la soutenabilité des dépenses de personnel des collectivités, organismes et sociétés publics et mérite ainsi une attention particulière surtout à l'occasion des audits menés par la Cour des Comptes et l'IGE.

Dans la caractérisation de la concussion, il est indifférent que le concussionnaire ait agi dans son propre intérêt ou de façon désintéressée.

Toutefois, il doit être établi que l'autorité ou l'agent en cause a eu conscience du caractère indu de la somme qu'il a exigé de percevoir ou perçue ou du caractère indu de

---

[39] Le recours à la notion de « droits rémunératoires » s'explique par le fait que dans l'article 432-10 du CP français, ne figurent pas les salaires et traitements comme c'est le cas dans l'article 156 du CP sénégalais.

[40] Cass. crim., 14 février 1995, n° 94-80797, https://www.legifrance.gouv.fr/juri/id/JURITEXT000007066486 et Cass. crim., 24 octobre 2001, n° 00-88165, https://www.legifrance.gouv.fr/juri/id/JURITEXT000007071594 (consultés le 30 août 2024)

l'exonération accordée, ce qui exclut les cas d'erreur de droit par suite d'une interprétation erronée de la loi ou du règlement, même si la jurisprudence en France a tendance à présumer l'intention délictuelle en présence d'un professionnel.

Au Sénégal, l'article 156 du CP assimile à un complice du concussionnaire, le bénéficiaire de l'exonération indue ou le destinataire des produits indûment non facturés.

En plus des infractions existantes, de nouvelles incriminations doivent être créées pour tenir compte de situations, sinon nouvelles, du moins préoccupantes par leur ampleur ou leur impact significatif sur les deniers publics.

E) Les autres infractions à créer

Il s'agit de la négligence ayant permis un détournement, une escroquerie ou soustraction de deniers publics, de la surfacturation, du gaspillage et de l'immixtion dans les fonctions comptables publiques.

1) La négligence ayant permis un détournement, une escroquerie ou soustraction de deniers publics

Elle est consacrée par l'article 432-16 du CP français qui réprime la négligence d'une personne dépositaire de l'autorité publique ou chargée d'une mission de service public, d'un comptable public ou d'un dépositaire public ayant permis la destruction, le détournement ou la soustraction par un tiers d'un acte ou d'un titre, de fonds publics ou privés ou effets, pièces ou titres en tenant lieu, ou de tout autre objet qui lui a été remis en raison de ses fonctions ou de sa mission.

L'infraction de négligence, si elle est étendue pour intégrer, outre les personnes dépositaires des deniers publics, celles investies d'un devoir particulier de contrôle ou de surveillance sur la conservation, la gestion ou l'utilisation des biens et fonds publics, peut inciter à davantage de vigilance et d'efforts dans la sauvegarde desdits deniers.

La négligence devra concerner aussi bien les cas de détournement et de soustraction que d'escroquerie, qu'ils soient l'œuvre d'un tiers à proprement parler ou d'un titulaire de mandat électif public, dépositaire de l'autorité publique, dépositaire public, officier public ou ministériel, dirigeant ou agent d'un organisme public, d'une société publique, d'une société à participation publique minoritaire ou d'un organisme privé bénéficiant d'un concours financier public, chargé d'une mission de service ou reconnu d'utilité publique.

La négligence sanctionne toute sorte de faute non intentionnelle, à savoir la négligence proprement dite, l'inattention, le défaut de surveillance, l'imprudence dans la garde et la surveillance des objets confiés, l'inobservation des règlements dont le respect méticuleux empêcherait le détournement ou la soustraction[41].

Ainsi, en France, un maire a-t-il été déclaré coupable de négligence pour avoir signé en négligeant d'en contrôler le contenu, des ordres de paiement étayés par de fausses factures, au profit du mari de la secrétaire qui les lui présentait[42].

Cette jurisprudence a l'intérêt de rappeler aux personnes investies de l'autorité ou d'un pouvoir décisionnel, l'impérieuse nécessité de contrôler les actes et documents soumis à leur signature ou validation surtout lorsque ceux-ci ont une incidence sur les fonds, biens ou intérêts publics.

L'incrimination de négligence permettra, en particulier, de réprimer les cas de complicité passive de la part de personnes investies d'une fonction ou d'une obligation particulière de

---

[41] André VITU et Wilfrid JEANDIDIER, « Destruction et détournement de biens par des personnes exerçant une fonction publique », 2017, page 34, http://pierregenevier.eu/npdf2/juriscla-432-15-6-6-17.pdf (consulté le 30 août 2024)

[42] Cass. crim., 22 février 2017, n° 15-87328, https://juricaf.org/arret/France-COURDECASSATION-20170222-1587328 (consulté le 30 août 2024)

contrôle, étant entendu que le principe de cette forme de complicité est controversé[43].

Au-delà de la négligence ayant permis un détournement, une escroquerie ou soustraction de deniers, la surfacturation constitue une forme d'atteinte assez grave.

2) La surfacturation

Si la surfacturation n'a pas été incriminée en soi jusque-là, c'est certainement dû au fait qu'il existe des dispositifs de contrôle interne au sein de l'Etat, des autres organismes publics et des sociétés publiques censés contrecarrer cette pratique (mercuriale des prix[44], publicité de la commande publique et mise en concurrence des candidats, attribution des marchés et contrats de PPP aux mieux-disants, contrôle des prix spécifiques dans les marchés par entente directe[45], expertise notamment sur les aspects financiers des offres spontanées[46], plafonnement du montant des avenants aux marchés[47], etc.).

Toutefois, lorsque par le jeu des connivences entre les candidats ou titulaires de marchés ou de contrats de partenariat et les personnes chargées de mettre en œuvre ces dispositifs de contrôle interne ou par la négligence de ces

[43] La complicité suppose un acte de commission (instigation, aide ou assistance ou fourniture de moyens, voir articles 45 et 46 du CP). Ainsi, la jurisprudence refuse-t-elle en général de considérer une inaction ou abstention comme constitutive d'une complicité. Par ailleurs, les hypothèses de complicité passive tombent souvent sous le coup d'incriminations spécifiques, telles que les délits de non dénonciation, de non empêchement ou d'omission de porter secours.

[44] C'est un état périodique des prix courants des équipements, produits et services admis et acceptés par l'administration, mis à la disposition des ordonnateurs par le ministère en charge des prix. L'article 209 du RGCP en fait état en parlant de la vérification des prix comme point de contrôle relevant de la responsabilité personnelle du contrôleur budgétaire.

[45] Article 77 du Code des marchés publics

[46] Idem, article 83

[47] Idem, article 24

dernières, la surfacturation devient un phénomène récurrent, il y a lieu d'envisager son incrimination.

Par surfacturation, on entend le fait pour un candidat à un marché public ou à un contrat de PPP, par mauvaise foi, de proposer pour un bien, un service ou des travaux un prix plus élevé que son prix courant maximum, ou pour un titulaire d'un tel marché ou contrat de faire pareille proposition dans le cadre d'un avenant ou de surévaluer ses débours dans le cadre d'un marché dont le prix est fixé sur la base des dépenses contrôlées[48].

La mauvaise foi de l'auteur de la surfacturation pourra être présumée dès lors que l'écart entre le prix proposé et le prix courant maximum ou entre le montant des dépenses déclarées et le coût réel des prestations exécutées excède les 10%.

Pour la détermination du prix courant maximum, il peut être recouru à une mercuriale des prix et en l'absence de mercuriale, à l'expertise. Cette dernière permet également de déterminer le coût réel des prestations exécutées.

La pratique de la surfacturation a pour conséquence de rendre inutilement plus onéreux les acquisitions, travaux et ouvrages publics.

Lorsqu'elle est répandue, elle entraîne une aggravation des charges de fonctionnement de l'Etat, des collectivités territoriales et des entités du secteur parapublic et une diminution de leur capacité d'investissement. Corrélativement, elle conduit à un enrichissement indu des entrepreneurs et fournisseurs.

La surfacturation, si elle intervient par le jeu des connivences entre acteurs de la commande publique, est

---

[48] « Le prix sur dépenses contrôlées est celui dans lequel les dépenses réelles et contrôlées engagées par l'entrepreneur, le fournisseur ou le prestataire de services pour réaliser l'objet du marché lui sont intégralement remboursées, sur la base de justificatifs appropriés, par l'autorité contractante qui y ajoute un coefficient de majoration destiné à couvrir les frais généraux, les impôts et taxes ainsi qu'une marge bénéficiaire » (article 18 du Code des marchés publics).

nécessairement sous-tendue par la corruption, l'entrepreneur ou le fournisseur surpayés donnant sa « part du gâteau » aux agents et autorités ayant fermé les yeux ou contribué activement à la manœuvre.

Au demeurant, la surfacturation apparaît parfois comme un moyen pour les entreprises contractant avec les collectivités publiques de pallier aux lenteurs et autres aléas dans le règlement des prestations et de transférer à ces collectivités une partie du coût des dettes contractées pour le préfinancement du marché ou du contrat, d'où l'impératif pour ces dernières de s'assurer de la capacité financière des candidats aux marchés et contrats de partenariat et de s'acquitter correctement de leurs obligations au titre des paiements.

Au-delà du fait principal de surfacturation, les autorités ou agents publics intervenant dans la commande publique, qui par leur action ou leur abstention, auraient sciemment contribué à la réalisation de cette infraction, pourront être réprimés sur le terrain de la complicité[49] sans préjudice d'éventuelles poursuites du chef de corruption.

L'abstention concerne ceux qui, dans la procédure d'attribution ou d'exécution du marché ou du contrat, sont investis d'une mission particulière d'évaluation ou de contrôle ou d'un pouvoir de décision dont la mise en œuvre effective et correcte aurait permis de déceler la surfacturation ou de rejeter les offres ou propositions ou demandes de paiement qui en sont empreintes. Ces derniers doivent être présumés s'être abstenus de mauvaise foi sauf preuve contraire à leur charge.

En faisant dépenser plus qu'il n'est dû, la surfacturation se rapproche du gaspillage de ressources publiques.

---

[49] Pour ce qui est de l'abstention, afin de contourner la controverse sur la complicité passive (voir supra, note de bas de page n° 43), le législateur pourra procéder par assimilation comme en matière de concussion s'agissant du bénéficiaire de l'exonération indue ou du destinataire des produits indûment non facturés (voir supra, page 33).

3) Le gaspillage de ressources publiques

Le gaspillage de ressources publiques est réprimé sur le terrain de la discipline financière en tant faute de gestion[50].

La loi organique sur la Cour des Comptes[51] vise, à ce propos, des faits caractérisés créant un état de gaspillage, commis dans l'exercice de ses fonctions, en donnant trois exemples : les transactions trop onéreuses pour l'entité, les stipulations de qualité ou de fabrication qui accroissent inutilement le montant de la dépense et les dépenses en épuisement de crédits.

Dans la perspective d'incrimination du fait, on pourrait ajouter à ces exemples de la loi organique, le recours à des prestataires pour des missions exécutables par le personnel de l'entité ou gratuitement par un tiers et la prise en charge de dépenses ne relevant pas des compétences de l'entité ou sans rapport avec son objet social.

En ce qui concerne le profil des auteurs de l'infraction, l'on pourrait encore s'inspirer des dispositions de la loi organique sur la Cour des Comptes[52] qui, au sujet des justiciables de la CDF, visent tout fonctionnaire civil, militaire, magistrat, agent de l'Etat[53], tout membre du cabinet du Président de la République, du Président de l'Assemblée nationale, du Premier ministre ou d'un ministre, tout agent d'une collectivité ou d'un établissement publics, d'une SN, d'une société anonyme à participation publique, d'une agence d'exécution ou structure administrative assimilée, d'une institution de sécurité sociale, d'un organisme bénéficiant du concours financier de la puissance publique ou faisant appel à

50 Article 57 de la loi organique sur la Cour des Comptes

51 Idem

52 Idem, article 56

53 La distinction entre fonctionnaire civil, militaire et magistrat n'avait pas lieu d'être en présence de l'expression « agent de l'Etat » qui englobe toutes ces catégories et bien d'autres.

la générosité publique, tout titulaire d'un mandat public et toute personne ayant exercé de fait lesdites fonctions.

Outre les membres de leur cabinet, les ministres eux-mêmes doivent être visés dans l'incrimination puisqu'étant ordonnateurs principaux des dépenses de leurs départements.

Le gaspillage est très pernicieux en ce sens qu'il alourdit inutilement le train de vie de l'Etat et des organismes susvisés, compromet l'optimisation des ressources publiques et décourage à terme le contribuable, d'où l'intérêt d'y associer un risque pénal[54] susceptible de dissuader davantage les ordonnateurs.

L'incrimination du gaspillage, qui n'exclut pas sa subsistance en tant que faute de gestion[55], permettra, en particulier, d'appliquer aux auteurs de cette pratique une amende plus importante que celle encourue en discipline financière[56] si besoin en est et de mettre à leur charge la réparation du préjudice subi de ce fait par la collectivité ou l'organisme concerné.

Par rapport au mobile de l'infraction, le gaspillage n'est pas toujours fortuit. Son auteur peut être intéressé, soit parce qu'il attend en contrepartie de ses largesses sur les ressources publiques, des rétro commissions (corruption), soit parce qu'il

---

[54] Il s'agit du risque de se voir appliquer une sanction pénale en raison de ses agissements que l'on savait pourtant répréhensibles ou dont on n'était pas censé ignorer le caractère répréhensible.

[55] Les poursuites devant la CDF sont sans préjudice des poursuites pénales (article 79 de la loi organique sur la Cour des Comptes). Toutefois, en vertu de la règle non bis in idem, qui postule que nul ne puisse être poursuivi ou puni deux fois en raison des mêmes faits, les poursuites devant la CDF doivent demeurer subsidiaires aux poursuites pénales comme c'est le cas en matière d'amende pour immixtion dans les fonctions de comptable public (voir infra, page 41).

[56] En discipline financière, l'amende encourue est au maximum égale au double du traitement annuel brut de l'auteur de la faute de gestion ou, si ce dernier ne bénéficie pas d'un salaire, au double du traitement brut annuel correspondant à l'échelon le plus élevé de la grille indiciaire de la fonction publique à l'époque des faits (articles 59 et 60 de la loi organique sur la Cour des Comptes).

a un intérêt dans l'entreprise attributaire du marché ou vis-à-vis du destinataire du transfert (prise illégale d'intérêt), d'où l'importance de prêter attention à la situation financière de l'auteur et à ses liens et interactions avec le ou les bénéficiaires des transactions ou transferts constitutifs de gaspillage.

A côté du gaspillage qui intéresse la fonction d'ordonnateur, la gestion des fonds et biens publics peut donner lieu à une autre situation incriminable : l'immixtion dans les fonctions comptables.

4) L'immixtion dans les fonctions comptables publiques

En vertu des règles de la comptabilité publique et de la comptabilité des matières, la gestion des fonds et valeurs et celle des biens mobiliers et stocks de l'Etat et des autres organismes publics, en ce qui concerne la prise en charge des ordres émanant des ordonnateurs, le recouvrement des recettes, le règlement des dépenses, la garde et la conservation des fonds, valeurs, biens et stocks, le maniement des fonds et les mouvements des comptes de disponibilités, la conservation des pièces justificatives et la tenue de la comptabilité, relèvent, exclusivement, des comptables publics, pour les deniers, et des comptables des matières, pour les biens et les stocks[57].

Ainsi, est qualifié comptable de fait, « toute personne qui, sans avoir la qualité de comptable public ou sans agir sous contrôle et pour le compte d'un comptable public, s'immisce dans la gestion des deniers publics »[58], et comptable des matières de fait, « toute personne qui exerce les fonctions de comptable des matières sans titre légal »[59].

---

57 Articles 24, 25 du RGCP, 19 et 20 du décret n° 2018-842 sur la comptabilité des matières, modifié

58 Article 24 in fine du RGCP

59 Article 28 du décret n° 2018-842 op. cit.

Explicitant la notion de comptable de fait, l'article 29 de la loi organique sur la Cour des Comptes a dégagé trois profils :

1- Celui qui, sans y être habilité par une autorité compétente, effectue des opérations de recettes, de dépenses, de détention ou de maniement de fonds ou valeurs appartenant à l'Etat ou à un organisme public ;

2- Celui qui reçoit ou manie directement ou indirectement des fonds ou valeurs extraits irrégulièrement de la caisse de l'Etat ou d'un organisme public ;

3- Celui qui procède à des opérations sur des fonds ou valeurs n'appartenant pas à l'Etat ou à un organisme public mais que les comptables publics sont exclusivement chargés d'exécuter en vertu de la loi ou du règlement.

En plus de donner lieu à une reddition des comptes devant la Cour des Comptes et, éventuellement, au prononcé d'une amende par cette juridiction[60], les gestions de fait ou gestions irrégulières constituent une infraction à la loi pénale, en particulier une usurpation de fonction.

En effet, les articles 226 et 227 du CP incriminent le fait de s'immiscer dans des fonctions publiques ou de faire acte de ces fonctions ainsi que le fait de faire usage d'une profession légalement réglementée ou d'une qualité dont les conditions d'attribution ont été fixées par l'autorité ou dont l'attribution a été constatée par un acte de l'autorité publique.

Toutefois, eu égard à l'importance des deniers publics et à la nécessité de les protéger efficacement, il y a lieu d'aménager une incrimination spécifique avec des peines dissuasives d'autant plus que le prononcé de l'amende pour immixtion par le juge des comptes demeure subsidiaire aux poursuites pénales.

En effet, en vertu de l'article 29 in fine de la loi organique sur la Cour des Comptes, ce n'est qu'en l'absence de poursuites pénales pour les mêmes faits que ladite amende pourra être prononcée, ce qui préfigure une extension de la

[60] Article 29 de la loi organique sur la Cour des Comptes

règle non bis in idem[61] et une autorité de la chose jugée au pénal sur le financier.

L'immixtion dans les fonctions de comptable public ou de comptable des matières constituera ainsi une infraction obstacle[62], anticipant la commission d'infractions davantage préjudiciables, telles que le détournement ou la soustraction de deniers publics ou encore la négligence favorisant lesdites infractions.

Le comptable de fait ou le comptable des matières de fait n'ayant ni la garantie d'éthique, ni la responsabilité, encore moins le professionnalisme et la rigueur du comptable patent, le risque qu'il se serve dans les fonds ou biens publics ou qu'il manque de vigilance dans leur sauvegarde est très élevé.

Le détournement, l'escroquerie et la soustraction de deniers publics, la négligence qui les favorise, la surfacturation, le gaspillage, la concussion et l'immixtion dans les fonctions comptables publiques sont loin d'épuiser les situations mettant en péril les deniers publics.

D'autres pratiques, non moins pernicieuses, constituent des menaces potentielles.

Paragraphe 2 : Les infractions potentiellement préjudiciables aux deniers publics

Ce sont des comportements contraires à l'intérêt général et susceptibles de compromettre la sauvegarde des deniers ou l'optimisation des ressources publiques. Il s'agit de la corruption, du trafic d'influence, de l'enrichissement illicite, de la prise illégale d'intérêt et de quelques autres infractions à créer.

---

[61] Voir supra, note de bas de page n° 32

[62] L'infraction obstacle est celle dont la définition légale sanctionne, non pas le résultat d'un acte dommageable, mais un fait ayant le trait d'acte préparatoire ou risquant de mener à une autre infraction.

A) La corruption et le trafic d'influence

La corruption désigne, d'une part, le fait pour une personne investie d'une fonction publique ou privée de solliciter, d'agréer ou de recevoir des offres, promesses, dons ou présents à l'effet d'accomplir ou de s'abstenir d'accomplir un acte entrant dans ses fonctions ou facilité par ses fonctions mais non sujet à salaire (corruption passive), et d'autre part, le fait pour un tiers de souscrire de tels offres, promesses, dons ou présents ou de céder à une telle sollicitation (corruption active)[63].

La corruption est ainsi perçue comme la perversion d'un processus de décision dans le but d'obtenir, pour le corrupteur, un avantage indu, et pour le corrompu, une rétribution en échange de sa complaisance[64].

Le trafic d'influence, quant à lui, renvoie au fait de solliciter ou d'agréer des offres, promesses, dons, présents ou avantages quelconques dans le but d'abuser de son influence, réelle ou supposée, sur une autorité ou une administration publique afin qu'elle prenne une décision favorable pour autrui (trafic d'influence passif), mais aussi au fait de souscrire de tels offres, promesses, dons ou présents ou de céder à une telle sollicitation (trafic d'influence actif)[65].

Cette infraction, voisine de la corruption, se distingue de celle-ci par le fait qu'elle met en scène trois acteurs au lieu de deux : le bénéficiaire (celui qui fournit les dons, présents ou avantages), l'intermédiaire (celui qui utilise le crédit qu'il possède du fait de sa position) et la personne cible qui détient le pouvoir de décision (autorité ou administration publiques).

Au titre des personnes investies de fonctions publiques, susceptibles d'être corrompues, l'article 159 du CP vise les

---

63 Articles 159 et 161 du CP

64 Exposé des motifs de la loi n° 2015-16 autorisant le Président de la République à ratifier le Protocole de la CEDEAO sur la lutte contre la corruption

65 Articles 160 et 161 du CP

titulaires de mandat électif, les fonctionnaires, agents ou préposés d'une administration publique, citoyens chargés d'un ministère de service public et dirigeants ou agents des établissements publics, ordres professionnels, coopératives bénéficiant du soutien de l'Etat ou d'une collectivité publique, organismes privés chargés d'une mission de service public ou reconnus d'utilité publique et sociétés dont une collectivité publique détient au moins la moitié du capital.

Il y a lieu de relever que les titulaires de fonctions gouvernementales, notamment les ministres, n'ont pas été visés dans cette énumération (qui ne semble pas indicative[66]) comme ils le sont expressément dans d'autres dispositions du CP[67] où l'on parle tantôt de « membre du gouvernement », tantôt de « ministre », tantôt de « titulaire de fonction gouvernementale ».

Cela a pour effet de restreindre le champ et la portée de l'incrimination si l'on sait que le Conseil constitutionnel français, dans son arrêt n° 80-127 du 20 janvier 1981[68], a rappelé, à propos du principe de légalité des crimes, des délits et des peines, la « nécessité pour le législateur de définir les infractions en termes suffisamment clairs et précis pour exclure l'arbitraire ».

S'agissant du trafic d'influence, l'article 160 du CP, à propos de l'intermédiaire, parle de « toute personne » (ce qui inclut a priori ceux disposant d'une influence de fait, tels que les marabouts et hommes politiques influents), en réprimant plus sévèrement les catégories visées à l'article 159 (desquelles sont exclus les ministres et assimilés, rappelons-le).

Il convient de relever qu'aussi bien pour la corruption que pour le trafic d'influence, la tentative n'est pas prévue. Il en

---

66 Le législateur n'a pas employé le terme « notamment » ou une autre formule ou expression laissant présager que l'énumération qu'il a faite n'est pas exhaustive.

67 Les articles 106 (sur les attentats à la liberté), 118 (sur la forfaiture) et 163 bis (sur l'enrichissement illicite)

68 Voir supra, note de bas de page n° 21

est ainsi car l'infraction est consommée dès lors que le corrompu ou l'intermédiaire a sollicité ou que le corrupteur ou le bénéficiaire a proposé, peu important que la sollicitation ou la proposition ait été suivie ou non d'effet.

La corruption et le trafic d'influence son pernicieux en ce sens qu'ils peuvent saper les mécanismes et dispositifs destinés à la sauvegarde des deniers ou à l'optimisation des ressources publiques.

En effet, par le jeu de ces infractions, l'autorité ou l'agent soudoyés ou influencés peuvent s'abstenir des contrôles leur incombant, ne pas relever ou dénoncer des irrégularités ou manquements préjudiciables à la collectivité ou à l'organisme, omettre d'initier des poursuites, d'engager une responsabilité ou d'appliquer les sanctions ou pénalités requises, ne pas constituer ou exiger des garanties pour la sauvegarde des intérêts de la collectivité ou de l'organisme, etc.

Ils peuvent encore minorer des droits ou redevances à percevoir ou s'abstenir des diligences propres à les recouvrer, faire de fausses certifications pour constater des droits ou un service fait, réaliser des analyses d'opportunité ou de rentabilité biaisées, octroyer des licences, quotas ou subventions à des non-ayants droits, accorder des garanties publiques pour des dettes à risque, souscrire des contrats ou transactions désavantageux ou inutilement onéreux pour la collectivité ou l'organisme.

Afin d'inciter à la dénonciation des cas de corruption et de trafic d'influence, il est aménagé une immunité pour les personnes qui, avant toutes poursuites judiciaires, auront révélé aux autorités compétentes les faits commis par la personne corrompue, les dénonciateurs pouvant même obtenir de la justice la restitution en nature ou en valeur des choses données en vue de la corruption ou du trafic d'influence[69].

---

[69] Articles 160 in fine et 162, alinéa 4 du CP

La corruption et le trafic d'influence, en ce qu'ils permettent à la personne de recevoir plus que son traitement normal, s'accompagnent souvent de la commission d'une autre infraction destinée à camoufler l'origine illicite de ce surplus de fortune, en l'occurrence le blanchiment de capitaux.

A ce propos, la Convention de l'Union africaine sur la prévention et la lutte contre la corruption, en son article 6, exhorte les États à prendre les mesures nécessaires pour lutter contre le blanchiment du produit de la corruption et des infractions assimilées (trafic d'influence, DDP et enrichissement illicite).

L'enrichissement illicite constitue une infraction très répandue dans les pays en développement en proie à un déficit de transparence dans la gestion des fonds et biens publics et des ressources naturelles.

B) L'enrichissement illicite

S'enrichit illicitement le titulaire d'un mandat électif public ou d'une fonction gouvernementale, l'agent d'une collectivité publique, la personne revêtue d'un mandat public, le dépositaire public, l'officier public ou ministériel, le dirigeant ou agent d'un établissement public, d'une SN, d'une SAPPM, d'un ordre professionnel ou d'un organisme privé bénéficiant d'un concours financier public, chargé d'une mission de service public ou reconnu d'utilité publique qui n'est pas en mesure de justifier de l'origine licite des ressources lui permettant d'avoir un patrimoine ou un train de vie excédant ses revenus légaux[70].

Cette situation est la résultante d'autres infractions telles que la corruption, le trafic d'influence, le DDP ou même la concussion qui sont ainsi à l'origine de l'enrichissement indu de la personne.

---

[70] Article 163 bis du CP

L'avantage de cette incrimination est de permettre d'épingler la personne indirectement à travers le produit d'infractions dont on ne parvient pas à établir directement la matérialité[71].

En effet, dans la pratique, les acteurs de la corruption et du trafic d'influence procédant par dissimulation, ces infractions sont très difficiles à prouver, sauf dénonciation par le corrupteur ou le bénéficiaire ou recours à un faisceau d'indices[72].

A noter qu'au titre des personnes susceptibles d'enrichissement illicite, l'article 163 bis du CP, à l'instar des dispositions relatives au détournement et à l'escroquerie sur les deniers publics, n'a pas pris en compte les dirigeants et agents des sociétés à participation publique minoritaire, ce qui appelle une réécriture de cet article.

Le mécanisme du délit d'enrichissement illicite est sous-tendu par une présomption consistant à partir d'un fait connu

---

[71] Rapport de la Commission de la législation sur les projets de loi n° 27-81 relatif à la répression de l'enrichissement illicite et n° 28-81 créant une Cour de Répression de l'Enrichissement illicite, https://dri.gouv.sn/loi-n%C2%B0-198153-du-10-juillet-1981 (consulté le 30 août 2024)

[72] Un ensemble d'indices graves et précis dont la convergence permet d'accréditer l'existence d'un fait ou d'un acte. La Cour d'Appel de Paris, dans un arrêt du 15 septembre 2020, a admis le recours à un faisceau d'indices élargi pour identifier des faits de corruption, conduisant en l'espèce un tribunal arbitral à refuser de donner force à un contrat entaché de corruption et, par conséquent, contraire à l'ordre public international (arrêt n° 19/09058, https://www.cours-appel.justice.fr/paris/15092020-ccip-ca-rg-ndeg1909058-sentence-arbitrale-internationale-international-arbitral consulté le 30 août 2024). Plus récemment, c'est à dire le 1er mars 2021, dans l'affaire dite « des écoutes de Paul Bismuth », la 32e Chambre du Tribunal judiciaire de Paris a reconnu l'ancien Président de la République Nicolas SARKOZY coupable de corruption et de trafic d'influence en se fondant sur un faisceau d'indices pour assoir l'existence d'un pacte de corruption entre ce dernier, son avocat et un magistrat de la Cour de Cassation (https://www.dalloz-actualite.fr/flash/affaire-bismuth-ecoutes-au-coeur-de-condamnation#.YaNpa1OZ8TQ consulté le 30 août 2024). Cette décision a été confirmée par la Cour d'Appel de Paris le 17 mai 2023 puis par la Cour de Cassation le 18 décembre 2024.

(disproportion entre le patrimoine et/ou le train de vie de la personne et ses revenus légaux), pour établir un fait inconnu ou caché (l'origine illicite des ressources ayant financé ce patrimoine ou ce train de vie).

Il s'agit d'une présomption simple, autrement dit qui admet la preuve contraire. Ainsi, la personne suspectée a la possibilité d'établir l'origine licite des ressources en question.

La contre-preuve est libre ; en d'autres termes, elle peut être rapportée par tout moyen. Toutefois, l'alinéa 4 de l'article 163 bis du CP prévoit que la seule preuve d'une libéralité[73] ne suffit pas pour justifier de l'origine licite des éléments du patrimoine.

Cette disposition devrait être réécrite avec des précisions sur la nature des libéralités exclues car toute libéralité n'est pas forcément illégale ou illégitime. Par exemple, pourront être exclues les libéralités portant sur des fonds ou biens d'origine illicite ou douteuse ou encore celles non justifiées par un lien légitime entre le testateur ou le donateur et le légataire ou le donataire.

Les justifications de l'origine licite des ressources à la base du patrimoine ou du train de vie doivent être produites par la personne suspectée dans le délai d'un mois à compter de sa mise en demeure par le parquet. A défaut ou si les justifications présentées sont insuffisantes, le délit est consommé[74].

L'incrimination d'enrichissement illicite fait l'objet de critiques qui lui reprochent d'opérer un renversement de la charge de la preuve attentatoire à la présomption d'innocence.

Toutefois, ces critiques doivent être relativisées au moins pour quatre raisons.

---

[73] Une libéralité est un acte juridique fait entre vifs ou dans une disposition testamentaire, par lequel une personne transfert à une autre un droit ou un bien dépendant de son patrimoine (Dictionnaire juridique de Serge BRAUDO, https://www.dictionnaire-juridique.com/definition/liberalite.php consulté le 30 août 2024).

[74] Articles 163 bis, alinéa 2 du CP et 677-102, alinéas 3 et 5 du CPP

D'abord, pour le parquet, établir que les ressources ayant servi à financer le patrimoine ou le train de vie de la personne ne sont pas licites, reviendrait à prouver un fait négatif (ce qui n'est pas), or la preuve directe d'un fait négatif est impossible[75].

Ensuite, en la matière, l'accusation apporte la preuve directe, d'une part, du patrimoine ou du train de vie et des revenus légaux et, d'autre part, de la disproportion entre les deux, ce qui, en pratique, apparaît suffisant pour caractériser l'illicéité de l'enrichissement.

Par ailleurs, les présomptions sont bien connues du droit pénal. Certaines portent sur l'élément moral de l'infraction, c'est le cas en matière d'abandon de famille[76] et de diffamation[77]. D'autres concernent l'élément matériel, exemple en matière de proxénétisme[78].

Enfin, les mêmes instances internationales (ONU) et communautaires (Union africaine et CEDEAO, notamment) qui ont consacré, à travers leurs instruments, le droit à un procès équitable et, en particulier, la présomption d'innocence, exhortent leurs Etats membres à incriminer et à réprimer l'enrichissement illicite dans la perspective de lutter contre la corruption et de promouvoir le recouvrement des avoirs mal acquis[79].

---

75 Encyclopédie Savoir.fr, https://droit.savoir.fr/la-preuve-du-fait/ (consulté le 30 août 2024)

76 Article 351, alinéa 2 du CP : « le défaut de payement de la pension alimentaire sera présumé volontaire, sauf preuve contraire »

77 Article 264 du CP : « toute reproduction d'une imputation qui a été jugée diffamatoire sera réputée faite de mauvaise foi, sauf preuve contraire par son auteur ».

78 Article 323-4 du CP : « sera considéré comme proxénète celui ou celle qui, étant en relations habituelles avec une ou plusieurs personnes se livrant à la prostitution, ne peut justifier de ressources correspondant à son train de vie ».

79 Voir articles 20 de la Convention des Nations unies contre la corruption, 8 de la Convention de l'Union africaine sur la prévention et la lutte contre

Dans l'affaire Karim Wade, fils de l'ancien Président de la République, Abdoulaye WADE, le Conseil constitutionnel saisi par la Cour suprême d'une exception d'inconstitutionnalité tirée, entre autres, de la violation par la loi n° 81-53 relative à la répression de l'enrichissement illicite de la présomption d'innocence, a estimé que le législateur, à titre exceptionnel, peut établir des présomptions de culpabilité dès lors qu'elles ne revêtent pas un caractère irréfragable et que le respect des droits de la défense est assuré, et qu'en l'occurrence, la présomption d'innocence est préservée dès l'instant que la personne poursuivie n'est ni détenue arbitrairement, ni condamnée définitivement et qu' elle a la possibilité de se défendre, d'apporter la preuve contraire, par tous moyens, des faits qui lui sont reprochés et de se faire assister depuis la phase d'instruction jusqu'à celle du jugement[80].

Les personnes enrichies illicitement, pour échapper à d'éventuelles poursuites, se livrent souvent à des manœuvres destinées soit à donner une apparence de licéité à leurs biens mal acquis, soit à rompre leurs liens avec ces biens en simulant la propriété de tierces personnes (prête-noms), ce qui est constitutif du délit de blanchiment de capitaux.

A l'instar de l'enrichissement illicite, la prise illégale d'intérêt constitue une véritable menace pour les intérêts des collectivités, organismes et sociétés publics.

C) La prise illégale d'intérêt

Elle consiste dans le fait pour un membre du gouvernement, un fonctionnaire, un agent public ou un officier public de prendre, recevoir ou conserver, directement ou indirectement, un intérêt quelconque dans un acte, une

---

la corruption et 6 du Protocole de la CEDEAO sur la lutte contre la corruption

[80] Décision n° 1/C/2014 du 3 mars 2014

opération ou une entreprise dont il était chargé, en tout ou partie, de l'administration ou de la surveillance[81].

A la place de membre du gouvernement, fonctionnaire, agent public ou officier public, l'article 432-12 du CP français fait référence à tout dépositaire de l'autorité publique. Il vise également les titulaires de mandat électif public qui ont été omis dans le texte sénégalais.

La prise illégale d'intérêt vise donc à prévenir la confusion entre l'intérêt personnel de celui qui est investi d'une fonction ou mission publique et l'intérêt public dont il est chargé d'assurer la défense.

L'administration ou la surveillance sus-évoquée n'implique pas nécessairement que l'auteur du délit soit investi d'un pouvoir de décision[82]. Elle peut consister en un simple pouvoir de préparation ou de proposition de décisions prises par d'autres personnes[83].

Par ailleurs, l'intérêt quelconque visé dans l'incrimination ne renvoie pas nécessairement à la recherche de gain ou de profit personnel[84], cet intérêt pouvant même se résumer à un simple lien d'amitié[85].

La prise illégale d'intérêt est une infraction intentionnelle, autrement dit qui suppose de la part de son auteur, la volonté d'enfreindre la loi.

Toutefois, pour caractériser cet élément moral, la jurisprudence recourt à une présomption. Ainsi, l'intention est

---

[81] Article 157 du CP

[82] Cass. crim., 30 janvier 2013, n° 11-89224, https://www.legifrance.gouv.fr/juri/id/JURITEXT000027108487/ (consulté le 30 août 2024)

[83] Cass. crim., 22 septembre 1998, n° 96-83990, https://www.legifrance.gouv.fr/juri/id/JURITEXT000007577539/ (consulté le 30 août 2024)

[84] Cass. crim., 21 juin 2000, n° 99-86871, https://www.legifrance.gouv.fr/juri/id/JURITEXT000007069181/ (consulté le 30 août 2024)

[85] Cass. crim., 5 avril 2018, n° 17-81912, https://www.legifrance.gouv.fr/juri/id/JURITEXT000036803130/ (consulté le 30 août 2024)

présumée dès lors que l'élément matériel de l'infraction est sciemment réalisé[86].

En pratique, la conséquence de la prise illégale d'intérêt est de faire perdre à son auteur son objectivité dans l'exécution de sa mission et de l'amener à poser des actes allant dans le sens de consolider ses intérêts au mépris des exigences de sa fonction ou de sa mission et au détriment de l'intérêt général, y compris la sauvegarde des deniers ou l'optimisation des ressources publiques.

Lorsque la personne est intéressée dans une entreprise ou une opération dont l'administration ou la surveillance est sur le point de lui être confiée, elle doit déclarer le conflit d'intérêts.

C'est ce que prévoit la réglementation sur les marchés publics et les contrats de PPP[87], qui assujettit à une déclaration de conflit d'intérêts les membres des commissions des marchés, des commissions d'appel d'offres et des comités techniques d'étude et d'évaluation des offres, les experts requis ainsi que le personnel et tout intervenant pour le compte de l'Unité nationale d'Appui aux PPP.

A ce propos, la loi organique sur la Cour des Comptes[88] réprime, au titre de la faute de gestion, le fait pour un agent public d'être intervenu à un stade quelconque dans l'attribution d'un marché ou d'un contrat de partenariat à une entreprise dans laquelle il a pris ou conservé un intérêt.

En dehors de la sphère de la commande publique, la prise illégale d'intérêt trouve un terreau fertile en matière de gestion domaniale en l'absence de dispositions légales ou réglementaires spécifiques destinées à prévenir ou à empêcher que les acteurs de cette gestion ne profitent de leurs

---

[86] Cass. crim., 21 novembre 2001, n° 00-87532, https://www.legifrance.gouv.fr/juri/id/JURITEXT000007068677/ (consulté le 30 août 2024)

[87] Articles 38, 40 du Code des marchés publics, 12 et 43 du décret n° 2021-1443 portant application de la loi n° 2021-23 relative aux contrats de PPP

[88] Article 57. Voir supra, note de bas de page n° 55 à propos de l'articulation entre poursuites devant la CDF et poursuites pénales

prérogatives pour s'attribuer indument des terres ou des droits réels immobiliers, directement ou par personne interposée.

Les terres relevant du domaine de l'Etat et de ses démembrements ainsi que celles du domaine national[89] constituent à la fois des actifs économiques importants et des instruments de politique sociale qu'il convient de protéger efficacement contre la déprédation.

Il importe, dès lors, dans la politique pénale de l'Etat, de prêter une attention particulière à la détection et à la répression de la prise illégale d'intérêt dans les opérations domaniales, laquelle a d'ailleurs pour prolongement des situations d'enrichissement illicite d'agents publics ou d'élus locaux.

Au-delà des infractions évoquées jusque-là, certaines situations non encore incriminées pénalement peuvent être tout aussi nuisibles pour les deniers publics.

D) Les autres infractions à créer

Il s'agit du favoritisme et de l'entrave au contrôle.

1) Le favoritisme

Il permettra de réprimer la violation, de mauvaise foi, des règles de concurrence dans l'accès à la commande publique.

---

[89] Juridiquement, les terres du domaine national sont insusceptibles d'appropriation privative et de cession sous peine de poursuites du chef de conclusion de convention sur une terre du domaine nationale prévue et punie par l'article 423, alinéa 2 du CP. Cependant, dans les faits, ces terres font quotidiennement l'objet de transactions sous forme de cessions de peines et soins qui concernent en réalité, la plupart du temps, des terrains nus. Et les procédures domaniales permettent à terme aux concernés de transformer leurs titres d'occupation précaires en titres définitifs et inattaquables (titres fonciers). Ainsi, s'agissant de ces terres, la réalité économique a largement pris le pas sur la fiction juridique.

Ce délit consiste, en France, pour une personne dépositaire de l'autorité publique, chargée d'une mission de service public ou investie d'un mandat électif public, ou pour toute personne agissant pour le compte d'une collectivité, d'un organisme ou d'une entreprise publics à procurer un avantage injustifié à une personne dans une procédure de marché public ou de délégation de service public, par un acte contraire aux dispositions législatives ou réglementaires garantissant la liberté d'accès et l'égalité des candidats[90].

En pratique, l'avantage injustifié peut consister à transmettre des informations privilégiées, à insérer dans le cahier des charges des clauses particulières destinées à avantager un candidat[91], à réduire la publicité requise ou, tout simplement, à attribuer le marché ou le contrat de PPP au mépris de la réglementation[92].

Comme pour la plupart des délits, le favoritisme implique pour sa constitution, l'intention d'enfreindre la loi (dol général). Autrement dit, son auteur doit avoir sciemment contrevenu aux dispositions législatives ou réglementaires

---

90 Article 432-14 du CP

91 Pour rappel, l'article 7 du Code des marchés publics interdit « la référence aux spécifications techniques mentionnant des produits d'une fabrication ou d'une provenance déterminée ou des procédés particuliers et qui ont pour effet de favoriser ou d'éliminer certaines entreprises » et, en particulier, « l'indication de marques, de brevets ou de types, de numéro de catalogue ou celle d'une origine ou d'une production déterminée », sauf nécessité absolue et à condition que l'indication soit accompagnée de la mention « ou équivalent ».

92 Cass. crim., 11 décembre 2002, n° 02-80699, https://www.legifrance.gouv.fr/juri/id/JURITEXT000007589933/ (consulté le 30 août 2024). En l'espèce, la haute juridiction a considéré que « l'utilisation abusive de la procédure de marché négocié, qui a eu pour effet d'écarter de l'accès au marché des candidats potentiels, a procuré à l'entreprise attributaire un avantage injustifié ». Cette jurisprudence, dans le contexte sénégalais, permettrait de décourager la pratique récurrente du fractionnement de dépenses dont le but, en général, est de soustraire les marchés à l'appel public à la concurrence.

garantissant la liberté d'accès et l'égalité des candidats dans les marchés publics ou délégations de service public[93].

L'intention de favoriser une personne (dol spécial) n'est pas requise pour la caractérisation du délit de favoritisme, l'avantage injustifié résultant nécessairement de la méconnaissance des dispositions législatives ou réglementaires gouvernant la passation des marchés ou contrats[94].

Dans l'appréciation de l'élément intentionnel du délit, la jurisprudence prend en compte la qualité, la formation et l'expérience de l'auteur présumé. Ainsi, lorsque ce dernier est un élu ou un agent public, il est présumé connaître les règles en vigueur et les avoir volontairement enfreintes[95].

Il en est ainsi car « nul n'est censé ignorer la loi » et a fortiori un élu ou un agent public, lequel ne peut s'exonérer de sa responsabilité qu'en cas d'erreur objective sur le droit (due, par exemple, à la contrariété de textes, à l'absence de disposition claire régissant la matière ou à une position prise officiellement par l'administration en méconnaissance de la réglementation) qui ne pouvait être évitée (notamment en recourant à des conseils)[96].

Il convient également de relever que le mobile de l'auteur du favoritisme est indifférent[97], de même que les

---

[93] Cass. crim., 14 janvier 2004, n° 03-83396, https://www.legifrance.gouv.fr/juri/id/JURITEXT000007069694/ (consulté le 30 août 2024)

[94] Cass. crim., 11 décembre 2002, n° 02-80699, https://www.legifrance.gouv.fr/juri/id/JURITEXT000007589933/ et Cass. crim., 10 septembre 2008, n° 08-80589, https://www.legifrance.gouv.fr/juri/id/JURITEXT000019570750/ (consultés le 30 août 2024)

[95] Cass. crim., 25 juin 2008, n° 07-88373, https://www.legifrance.gouv.fr/juri/id/JURITEXT000019219081/ et Cass. crim., 12 septembre 2018, n° 17-83793, https://www.legifrance.gouv.fr/juri/id/JURITEXT000037425129/ (consultés le 30 août 2024)

[96] Cass. crim., 23 juillet 2014, n° 14-90024, https://www.legifrance.gouv.fr/juri/id/JURITEXT000029352993/ (consulté le 30 août 2024)

[97] En pratique, le mobile peut être la corruption, l'auteur ayant octroyé l'avantage indu en contrepartie d'un pot de vin ou d'une promesse en ce sens.

conséquences de son acte, seul important le manquement délibéré à la législation ou à la réglementation.

Dans la perspective d'incrimination du favoritisme au Sénégal, les contrats de PPP obéissant aux mêmes principes directeurs de libre accès à la commande publique, de transparence des procédures et d'égalité de traitement des candidats que les marchés publics[98], devront être inclus dans le champ de ce délit d'autant plus qu'il est nourri de grandes attentes sur cette alternative pour le financement des infrastructures.

La pénalisation du favoritisme viendra couronner le dispositif prévu dans le Code des marchés publics[99] et la loi organique sur la Cour des Comptes pour prévenir[100] et sanctionner pécuniairement et administrativement[101] l'octroi d'avantage indu en matière de commande publique.

---

98 Article 4 de la loi n° 2021-23 relative aux contrats de PPP

99 La loi sur les contrats de PPP, quant à elle, reste quasi silencieuse sur les sanctions encourues par les agents publics et les candidats ou titulaires de contrats de PPP en cas de violation des règles sur la passation et l'exécution desdits contrats, tout comme son décret d'application.

100 Prise de connaissance de la Charte de transparence et d'éthique en matière de commande publique par les membres des commissions des marchés, des cellules de passation des marchés et des comités techniques d'étude et d'évaluation des offres ainsi que par les experts requis, matérialisée par des attestations écrites, engagement des candidats de ne pas octroyer ou promettre d'octroyer un avantage indu pour l'obtention du marché, formulé dans les soumissions (articles 11 et 38 du Code des marchés publics).

101 Amende contre l'agent public fautif prononcée par la CDF, confiscation des garanties constituées par le candidat ou le titulaire du marché, exclusion de la commande publique, résiliation du marché en cours ou substitution d'entreprise prononcées par le Comité de Règlement des Différends de l'Autorité de Régulation de la Commande publique (articles 56, 57, 59 à 61 de la loi organique sur la Cour des Comptes, 148, 149 et 150 du Code des marchés publics). A propos des poursuites devant la CDF, voir supra, note de bas de page n° 55.

Le favoritisme, en ce qu'il fausse la concurrence, affecte la compétitivité des entreprises et la qualité dans la commande publique.

En effet, au lieu de chercher à briller par leur savoir-faire, leurs aptitudes techniques, la qualité de leurs prestations, leur expérience dans le domaine, les moyens techniques, humains et matériels à disposition, etc., certaines entreprises, pour ne pas dire la plupart, auront tendance à prendre le raccourci du favoritisme, de la corruption ou du trafic d'influence, ce qui, lorsqu'il prospère, a un effet démobilisateur sur les entreprises sérieuses ainsi injustement évincées.

Par ailleurs, les autorités contractantes sont privées de l'avantage d'une concurrence réelle, c'est-à-dire de l'opportunité d'avoir la meilleure proposition ou le meilleur rapport qualité-prix (offre la mieux-disante et pas forcément la moins-disante), mais encore courent le risque d'une défaillance de leur cocontractant en cours d'exécution du marché ou du contrat, soit parce que son offre n'était pas conforme, soit parce qu'il ne réunissait pas les critères de qualification (par exemple l'aptitude technique ou la capacité financière), autant de choses qui peuvent engendrer une déperdition de ressources.

Outre le favoritisme, l'entrave au contrôle constitue une menace potentielle pour les deniers publics en ce qu'elle sape la reddition des comptes.

2) L'entrave au contrôle

La plupart des textes qui organisent les corps et organes de contrôle font référence à l'entrave pour marquer l'étendue des prérogatives conférés aux contrôleurs ou vérificateurs et mettre en garde contre les éventuelles obstructions.

Ainsi, l'article 7 de la loi n° 2011-14 portant statut des IGE dispose qu'« en aucun cas et sous aucun prétexte, les missions des Inspecteurs généraux d'Etat ne doivent rencontrer d'entraves. Le droit d'investigation des Inspecteurs généraux d'Etat n'est soumis à aucune restriction ».

L'article 14 du décret n° 2007-809 fixant les règles d'organisation et de fonctionnement de l'IGE, modifié, précise que « toute entrave, tout refus de collaborer, tout renseignement inexact et, plus généralement, toute négligence de nature à empêcher, gêner ou ralentir la mission des Inspecteurs généraux d'Etat, constitue une faute professionnelle pouvant entraîner pour son auteur, l'application des sanctions prévues par son statut. S'il s'agit d'un membre du gouvernement, l'Inspecteur général d'Etat doit en informer le Président de la République par un rapport circonstancié ; s'il s'agit d'un agent d'une société ou d'un organisme privé soumis au contrôle de l'Etat, sa faute ou sa carence peut mettre en cause sa responsabilité ».

L'article 63 de la loi organique sur la Cour des Comptes va plus loin en disposant qu'« en cas d'entrave caractérisée à l'occasion d'un contrôle exercé par la Cour, outre les sanctions disciplinaires ou administratives, le Premier Président de la Cour peut désigner un commis d'office à la place du responsable de l'entrave et aux frais de ce dernier. Toute destruction de preuve ou de pièces justificatives est considérée comme une entrave caractérisée et peut en outre faire l'objet de poursuites pénales ».

Toutefois, ces dispositions de la loi organique ne trouvent pas de répondant dans le CP.

Cette carence pousse les parquets à viser l'entrave au libre exercice de l'industrie ou du travail[102] et la destruction

---

[102] Article 392, alinéa 1er du CP : « sera puni d'un emprisonnement de 3 mois à 3 ans et d'une amende de 50 000 à 500 000 francs ou de l'une de ces deux peines seulement, quiconque, à l'aide de violences envers les personnes ou envers les choses, voies de fait, menaces, manœuvres frauduleuses ou propagation de fausses nouvelles, aura porté atteinte ou tenté de porter atteinte au libre exercice de l'industrie ou du travail ».

d'archives[103], alors que la première incrimination ne cadre pas avec les situations auxquelles renvoie l'entrave au contrôle, tandis que la seconde ne prend en charge qu'un aspect du problème.

En pratique, outre la destruction de preuves ou de pièces justificatives, l'entrave au contrôle peut consister au refus implicite ou explicite de recevoir une mission d'inspection ou d'audit ou à des obstacles à l'exercice par le ou les contrôleurs de leurs prérogatives légales (accès et visite des lieux du service et de leurs dépendances, visite de chantiers ou d'ouvrages, inspection de matières, communication ou consultation de documents ou de supports d'information, reproduction de documents, etc.).

En guise d'illustration, l'article 19 de la loi n° 2024-06 modifiant la loi n° 2012-30 portant création de l'Office national de Lutte contre la Fraude et la Corruption (OFNAC) incrimine et réprime au titre de l'entrave au fonctionnement de cette autorité administrative indépendante, « le refus non justifié de répondre à une convocation, le refus d'exécuter les instructions du président, de communiquer toute information ou tout document utile dûment réclamé dans le cadre de l'exécution de ses missions et le fait de jeter le discrédit sur l'OFNAC ou sur un de ses organes ».

L'entrave, comme tout délit, doit être caractérisée par un élément matériel consistant dans une action ou une omission, et par un élément moral fondé sur la volonté d'enfreindre la loi.

L'entrave a pour mobile d'empêcher le ou les contrôleurs d'effectuer correctement leur mission et de découvrir ainsi les irrégularités, anomalies et dysfonctionnements dans la

---

[103] Article 26 de la loi n° 2006-19 relative aux archives et aux documents administratifs : « quiconque aura volontairement altéré d'une manière quelconque ou détruit autrement que dans les conditions prévues par les textes en vigueur des documents administratifs ou des documents d'archives publiques ou d'archives privées confiés en dépôt, sera puni d'un emprisonnement de cinq à dix ans ».

gestion, y compris les malversations, les niches de fraude ou de corruption et les situations de conflits d'intérêts.

Elle empêche donc de mettre à nu des pratiques ou situations mettant en péril les fonds ou biens publics et de prendre ou faire prendre les mesures propres à les faire cesser, à éviter leur réitération et à réparer, éventuellement, le préjudice subi par la collectivité ou l'organisme concerné.

Le vide juridique, pénalement parlant, à propos de l'entrave au contrôle est de nature à fragiliser les corps et organes de contrôle et à promouvoir l'impunité.

L'entrave commise par un ministre doit être d'autant plus réprimée pénalement que son auteur, en l'état actuel de la législation, échappe à la compétence de la CDF[104].

Au-delà des incriminations, l'efficacité du dispositif pénal de protection des deniers publics suppose des peines adaptées à la gravité des atteintes et aux enjeux de la répression pénale (dissuasion, resocialisation, lutte contre la récidive, etc.).

Section 2 : Les peines applicables aux infractions liées aux deniers publics

La peine est pour le droit pénal bien plus que ce qu'est la sanction pour la règle de droit, car s'il existe des règles de droit auxquelles aucune sanction n'est attachée, il n'est d'infraction sans peine. Son efficacité doit être appréciée à travers ses caractéristiques et ses modalités de personnalisation ou d'individualisation.

104 Les ministres n'ont pas été visés par l'article 56 de la loi organique sur la Cour des Comptes parmi les justiciables de la CDF. Seuls les membres de leur cabinet ont été désignés. Par ailleurs, l'article 58 de la même loi qui prévoit la substitution de responsabilité en cas de faute commis sur ordre d'un supérieur hiérarchique, exclut de son champ les ministres, le Premier ministre et le Président de la République.

Paragraphe 1er : Les caractéristiques des peines

Elles tiennent à leur nature et à leur quantum.

A) La nature des peines

Jusque-là, les infractions portant directement ou potentiellement atteinte aux deniers publics sont toutes réprimées par des peines correctionnelles, ce qui leur imprime un caractère délictuel[105].

Cependant, les détournements, escroqueries et soustractions de deniers publics, dans le contexte des pays en développement marqué par l'insuffisance des ressources publiques, devraient être criminalisés.

Cette idée est confortée par une analyse comparative entre cette forme de délinquance et une autre assez voisine, le vol. En effet, le vol est criminalisé lorsqu'il s'accompagne de certaines circonstances[106].

Au demeurant, la criminalisation permet de tirer profit de l'effet de dissuasion induit par la sévérité des peines et le caractère contraignant de la procédure en matière criminelle.

Les peines criminelles, ainsi que nous le verrons, sont d'une particulière sévérité dans leurs effets induits et leur quantum[107].

De même, la procédure, à travers la prescription de l'action et de la peine rallongée (voir infra, page 78), la compétence des chambres criminelles, la solennité des audiences, etc., offre peu de confort psychologique et de marge d'impunité à l'agent pénal.

---

105 La nature criminelle, délictuelle ou contraventionnelle de l'infraction est déterminée par la peine principale y attachée (article 1er du CP).

106 Voir articles 366 et 367 du CP

107 A relativiser car les peines criminelles de 5 à 10 ans et de 10 à 20 ans sont comme les peines correctionnelles du même quantum avec la suppression des travaux forcés sous réserve de définir un régime carcéral de rigueur derrière l'appellation de réclusion criminelle.

La concussion, la négligence ayant favorisé un détournement, une escroquerie ou soustraction de deniers publics, la surfacturation, le gaspillage, l'immixtion dans les fonctions comptables publiques, le favoritisme, l'entrave au contrôle ainsi que les autres infractions potentiellement préjudiciables aux deniers publics peuvent demeurer des délits sous réserve de quelques adaptations dans le quantum des peines (voir infra, pages 65 à 68) et leurs modalités d'individualisation et d'aménagement (voir infra, pages 71 à 73).

A noter que pour les infractions susceptibles d'être commises par des personnes morales (escroquerie sur les deniers publics et complicité, surfacturation, complicité de concussion, corruption active, trafic d'influence actif, complicité d'enrichissement illicite, blanchiment de capitaux, entrave au contrôle), l'article 45-1 du CP issu de la réforme de 2021[108] prévoit une panoplie de peines adaptées à cette catégorie particulière de sujets de droit.

Il s'agit, entre autres, de l'amende (égale au quintuple de celle encourue par les personnes physiques), la dissolution (lorsque la personne morale a été créée pour commettre les faits incriminés ou lorsque la peine encourue par les personnes physiques pour ces faits est supérieure à 5 ans d'emprisonnement ou de réclusion), l'interdiction, à titre définitif ou pendant 5 ans au plus, d'exercer une ou plusieurs activités professionnelles ou sociales, la fermeture définitive ou pendant 5 ans au plus d'un ou plusieurs établissements ayant servi à commettre les faits, l'exclusion des marchés

---

[108] Loi n° 2021-33 modifiant le CP. Avant cette réforme, les personnes morales n'étaient pénalement responsables que dans les cas prévus par des textes spéciaux. Désormais, il est consacré le principe général de responsabilité pénale de ces personnes (exceptés l'Etat, les collectivités territoriales, les établissements publics, les agences d'exécution et les structures administratives similaires) en raison des faits commis pour leur compte par leurs organes ou leurs représentants.

publics[109] à titre définitif ou pendant 5 ans au plus et la confiscation du bien qui a servi ou était destiné à commettre l'infraction et du bien qui en est le produit.

Au-delà de la peine principale criminelle ou correctionnelle, des peines accessoires et complémentaires dissuasives doivent être prévues.

Pour le détournement, l'escroquerie et la soustraction de deniers publics, s'ils sont criminalisés, l'interdiction légale et la dégradation civique seront encourues comme peines accessoires[110].

La confiscation spéciale du corps de l'infraction, omise dans l'article 45-1[111] sus-évoqué, ainsi que celle des moyens et du produit de l'infraction constituent des peines complémentaires communes aux matières criminelles et correctionnelles.

Il faut relever que les dispositions des articles 41-1 et suivants du CP manquent de cohérence et de précision dans la distinction entre la confiscation spéciale et la confiscation générale des biens de l'auteur de l'infraction, de même qu'entre la confiscation obligatoire et la confiscation facultative[112].

---

[109] Il y a lieu d'élargir l'exclusion aux contrats de PPP à travers la notion plus large de commande publique.

[110] Articles 23 et suivants du CP. L'interdiction légale emporte la privation de l'exercice de tous les droits civils pendant la durée de la peine. Un tuteur et un subrogé tuteur sont alors nommés pour gérer et administrer les biens du condamné. La dégradation civique, quant à elle, emporte la privation de tous les droits civiques et politiques et l'exclusion de toutes les fonctions, emplois et offices publics, entre autres.

[111] Pour rappel, il avait été omis dans l'article 11 du CP la confiscation du produit de l'infraction avant que la réforme issue de la loi n° 2021-33 ne vienne y remédier. En vertu du principe de légalité illustré par l'adage latin nullum crimen, nulla pœna sine lege (« aucun crime, aucune peine, sans loi »), une modification de l'article 45-1 s'impose.

[112] L'alinéa 1er de l'article 41-1 n'est pas cohérent avec les deux alinéas suivants. L'article 41-2 traite de la confiscation spéciale du corps, des moyens et du produit de l'infraction en donnant l'impression qu'il s'agit d'une confiscation facultative alors qu'en toute logique, elle devrait être

Elles ont toutefois le mérite d'élargir le champ de la confiscation aux biens immobiliers et aux biens incorporels (valeurs mobilières, comptes de dépôt, créances, etc.) ainsi qu'aux biens qui ne peuvent être représentés en justice (confiscation en valeur[113]).

Au demeurant, l'article 154 du CP prévoit que la confiscation générale des biens de l'auteur d'un détournement, d'une escroquerie ou soustraction de deniers publics est obligatoirement prononcée « lorsque les sommes ou objets détournés ou soustraits n'auront pas été remboursés ou restitués en totalité au moment du jugement »[114].

La corruption, le trafic d'influence et la concussion exposent aux peines complémentaires prévues à l'article 34 du CP (interdiction du droit de vote, inéligibilité, interdiction des fonctions et emplois publics, etc.)[115], tandis que l'auteur de prise illégale d'intérêt encourt une incapacité définitive d'exercer une fonction publique[116].

A l'encontre des personnes physiques, auteurs d'infractions sur fond de procédure de marché public ou de PPP (corruption active, trafic d'influence actif, surfacturation), il serait intéressant

---

obligatoire sauf pour les biens susceptibles de restitution à leur propriétaire de bonne foi ou à la victime. L'article 41-3 prévoit des hypothèses de confiscation générale dont le champ aurait pu être circonscrit, en partie, à des infractions bien précises comme ce fut le cas avec l'ancien article 30 abrogé, qui visait, entre autres, les infractions prévues aux articles 152, 153, 160, 161 et 163 bis, autrement dit le détournement, l'escroquerie et la soustraction de deniers publics, la corruption, le trafic d'influence et l'enrichissement illicite. L'article 41-4 qui seul parle expressément de confiscation obligatoire, ne fait référence qu'aux objets et instruments qualifiés de dangereux ou nuisibles par les lois ou règlements ou dont la détention est illicite.

[113] La confiscation est prononcée pour la valeur du bien indisponible.

[114] En application de l'article 41-1 du CP, la confiscation générale ne portera que sur la moitié des biens du condamné s'il est marié et sur le cinquième s'il a des descendants ou des ascendants.

[115] Articles 156 et 162 du CP

[116] Idem, article 157

de prévoir l'exclusion de la commande publique à titre de peine complémentaire obligatoire.

Si la nature de la peine influe sur son efficacité, son quantum y contribue également dans une large mesure.

B) Le quantum des peines

En matière de répression pénale, il convient de ne pas confondre sévérité et efficacité, un bon dosage devant être fait entre plusieurs éléments pour que la sévérité apparente de la peine contribue à la fois à dissuader ceux qui seraient tentés et à punir pas plus qu'il n'est juste et pas plus qu'il n'est utile[117] les auteurs qui, en définitive, doivent pouvoir être resocialisés.

En cas de criminalisation du détournement, de l'escroquerie et de la soustraction de deniers publics, ils pourraient être punis de la réclusion de 5 à 10 ans et de 10 à 20 ans en fonction des montants ou valeurs économiques en cause, du profil de leur auteur et des circonstances de leur commission.

Ainsi, par exemple, jusqu'à 20 000 000 francs CFA en argent ou en biens détournés ou soustraits, une peine de 5 à 10 ans pourrait être encourue et au-delà de ce seuil, une peine de 10 à 20 ans.

La peine d'emprisonnement de 2 à 10 ans applicable à la corruption et au trafic d'influence[118] impliquant un dépositaire de l'autorité publique, un titulaire de mandat électif public ou une personne chargée d'une mission de service public[119], paraît déjà assez dissuasive, sans compter la possibilité, dans le cas où la corruption ou le trafic d'influence aurait pour objet un fait puni d'une peine plus forte, de prononcer ladite peine[120].

---

[117] Formule de l'école néo-classique

[118] Aussi bien actifs que passifs

[119] Articles 159 à 161 du CP

[120] Idem, article 162, alinéa 1er

Il en est de même de la peine d'emprisonnement de 5 à 10 ans attachée au délit d'enrichissement illicite[121].

Pour la concussion, les peines de 2 à 10 ans (contre les fonctionnaires, officiers publics, percepteurs des droits, contributions ou deniers publics, greffiers, officiers ministériels et, d'une façon générale, les détenteurs de l'autorité publique) et de 1 à 5 ans (contre les commis et préposés de ceux-ci)[122] paraissent également suffisamment dissuasives, de même que la peine de 1 à 5 ans réprimant la prise illégale d'intérêt[123].

La répression des délits de négligence ayant permis un détournement, une escroquerie ou soustraction de deniers publics, d'immixtion dans les fonctions comptables publiques et d'entrave au contrôle sera efficacement assurée par un emprisonnement de 1 à 5 ans.

Pour la surfacturation, la peine pourra être modulée en fonction de l'importance de l'écart entre le prix proposé et le prix courant maximum ou entre le montant des dépenses déclarées et le coût réel de la prestation, par exemple : 1 à 5 ans d'emprisonnement jusqu'à 50% de surfacturation et 5 à 10 ans au-delà de ce seuil.

Le favoritisme et le gaspillage de ressources publiques pourront être punis d'une peine d'emprisonnement de 1 à 5 ans avec la possibilité, lorsque ces infractions s'accompagnent du délit de corruption, de cumuler les peines par dérogation à l'article 5 du CP[124].

Le délinquant économique et financier se livrant à une analyse coût-risque-gain[125], des sanctions tendant à son

---

121 Article 163 bis du CP

122 Idem, article 156

123 Idem, article 157

124 L'article 5 prévoit qu'en cas de commission de plusieurs crimes ou délits, la peine la plus forte est seule prononcée.

125 Pour voir si le jeu en vaut la chandelle, en particulier, s'il peut gagner beaucoup en déployant peu de moyens et d'efforts et en ayant une chance de ne pas être pris ou sévèrement sanctionné.

appauvrissement apparaissent bien souvent plus dissuasives qu'une simple privation de liberté.

Ainsi, aussi bien pour les crimes que pour les délits, il y a lieu de revoir le taux des amendes[126] et leur assiette.

S'agissant du détournement, de l'escroquerie et de la soustraction de deniers publics, punis en l'état actuel d'une amende de 20 000 à 5 000 000 francs CFA[127], lorsqu'ils seront criminalisés, ils pourront être punis, par exemple, d'une amende allant du quart du montant ou de la valeur détournés ou soustraits jusqu'au double.

L'amende à prévoir contre l'immixtion dans les fonctions comptables publiques pourra être calquée sur celle fixée par la loi organique sur la Cour des Comptes[128] en matière de gestion de fait, c'est-à-dire aller jusqu'au double du montant des sommes indûment détenues ou maniées (sans pouvoir être inférieure à 100 000 francs CFA).

Les amendes prévues en matière de corruption, de trafic d'influence, d'enrichissement illicite et de prise illégale d'intérêt, indexées, respectivement, à la valeur des promesses faites ou agréées ou des choses données, reçues ou demandées (jusqu'au double de cette valeur sans pouvoir être en deçà de 150 000 francs) et au montant de l'enrichissement (jusqu'au double de ce montant) et des avantages illicites (jusqu'au quart de ces avantages sans pouvoir être inférieure au douzième)[129], apparaissent efficaces et devraient être étendues à la concussion.

Ainsi, l'amende fixe de 250 000 à 500 000 francs CFA prévue contre cette infraction[130] pourrait évoluer vers une

---

126 A noter que les articles 6 et suivants du CP qui définissent les peines en matière criminelle et délictuelle, ont omis de fixer un plafond aux amendes correctionnelles et n'ont fixé aucun seuil (ni plancher, ni plafond) pour les amendes criminelles.

127 Article 154 du CP

128 Article 29 in fine

129 Articles 157, 159, 160, 161 et 163 bis du CP

130 Idem, article 156

amende proportionnelle au montant des droits et rémunérations perçus, des exonérations accordées et au prix ou à la valeur des biens et services non facturés sans pouvoir être inférieure à 250 000 francs CFA.

La même logique pourrait être adoptée en matière de surfacturation (amende indexée au montant de la part du prix surfacturée ou de la part des dépenses surévaluées) et également en matière de gaspillage (amende proportionnelle au montant des dépenses superflues).

Outre leur nature et leur quantum, l'efficacité des peines est tributaire de leurs modalités d'individualisation.

Paragraphe 2 : Les modalités d'individualisation des peines

La peine portée par le CP doit être individualisée par le juge en fonction des circonstances de l'infraction et de la personnalité de l'auteur[131]. Cette individualisation se fait au moyen de la fourchette de la peine, des circonstances atténuantes ou aggravantes et des modes d'aménagement ab initio.

A) La fourchette de la peine

Pour une flexibilité dans le prononcé de la peine[132], le législateur fixe celle-ci suivant une fourchette comportant un minimum et un maximum. Exemple : l'enrichissement illicite est puni d'un emprisonnement de 5 à 10 ans.

En principe, c'est dans cette fourchette que le juge doit se mouvoir en prenant en compte les circonstances de la commission de l'infraction, la personnalité de l'auteur, sa collaboration ou non à la manifestation de la vérité, son repentir ou son absence de repentir, etc.

---

[131] Article 44-1 du CP

[132] Aussi bien privative de liberté que pécuniaire (amende)

Par exemple, celui qui reconnait sa responsabilité et offre de restituer, de rembourser ou d'indemniser, pourra bénéficier de la clémence du juge, contrairement à celui qui fait preuve de mauvaise foi ou organise son insolvabilité, lequel devra écoper d'une peine sévère.

Dans ce choix entre le minimum et le maximum légal, le juge dispose d'un pouvoir souverain d'appréciation sauf lorsque la loi impose, en raison d'une circonstance particulière, de prononcer la peine maximale.

En France, avec la réforme du CP de 1992 entrée en vigueur en 1994, la peine ne comporte plus qu'un maximum légal, ce qui offre au juge plus de marge de manœuvre dans la personnalisation de la peine.

La liberté d'appréciation du juge dans la fixation de la peine doit être exercée avec conscience, objectivité et responsabilité, surtout lorsqu'il s'agit d'aller au-delà des limites légales par le jeu des circonstances atténuantes ou aggravantes.

B) Les circonstances atténuantes ou aggravantes

Ces circonstances permettent au juge d'abaisser ou d'élever la peine au-delà du minimum ou du maximum prévu par la loi.

Le principe des circonstances atténuantes est consacré par l'article 51 du CP qui dispose que la peine ne peut être mitigée que dans les circonstances où la loi permet d'appliquer au crime ou au délit une peine moins rigoureuse.

La loi n'a toutefois pas défini ou énuméré les circonstances atténuantes qui sont ainsi laissées à l'appréciation du juge, lequel est tenu néanmoins de les caractériser (motiver) dans sa décision.

Cependant, les modalités de modification de la peine en application de circonstances atténuantes sont fixées par l'article 432 du CP pour les crimes et par l'article 433 pour les délits sous réserve de dispositions spécifiques.

Ainsi, pour les crimes, l'article 432 distingue entre deux hypothèses : le cas où la loi laisse au juge le choix de la peine à appliquer et celui où elle prévoit l'application du maximum de la peine ou l'application obligatoire de la réclusion criminelle à perpétuité.

Dans le premier cas, en présence de circonstances atténuantes, si la peine encourue était la réclusion criminelle à perpétuité, il pourra être appliqué la réclusion criminelle à temps de 10 à 20 ans ou de 5 à 10 ans. En revanche, si la peine était la détention criminelle ou la dégradation civique, il pourra être appliqué l'emprisonnement de 5 à 10 ans ou de 2 à 5 ans.

Dans le second cas, si le maximum de la peine devait être appliquée, il pourra être retenu la peine immédiatement inférieure à la peine maximale. Si c'est la réclusion criminelle à perpétuité qui devait obligatoirement être prononcée, le juge appliquera la peine de 20 ans de réclusion criminelle.

S'agissant des délits, l'article 433 du CP distingue également entre deux situations selon que la peine prévue[133] est supérieure ou inférieure ou égale à 5 ans.

Lorsque la peine prévue est supérieure à 5 ans alors que son minimum légal est supérieur ou égal à 2 ans, en présence de circonstances atténuantes, le juge appliquera un emprisonnement de 2 ans au moins. En revanche, si le minimum est inférieur à 2 ans, il sera fait application des mêmes règles que dans la deuxième hypothèse, c'est-à-dire le cas où la peine encourue est inférieure ou égale à 5 ans.

Dans cette situation, il pourra être appliqué un emprisonnement de 1 mois ou moins et une amende de 20 000 francs ou moins. Il pourra également être prononcé l'une ou l'autre de ces deux peines et même substituer l'amende à l'emprisonnement.

---

133 La peine comportant en principe un minimum et un maximum, l'expression « peine prévue » désigne ici le maximum de la peine. Par exemple, pour un délit puni d'un emprisonnement de 3 à 7 ans, l'on retiendra que la peine prévue est supérieure à 5 ans.

Néanmoins, la flexibilité tirée des circonstances atténuantes doit être bien dosée pour éviter de perdre la cohérence du dispositif au service de la protection des fonds et biens publics.

Ainsi, comme c'est le cas actuellement en matière de détournement, escroquerie et soustraction de deniers publics, le bénéfice des circonstances atténuantes pour les auteurs d'infractions liées aux deniers publics doit être réglementé.

L'article 155 du CP subordonne le bénéfice des circonstances atténuantes pour les auteurs de détournement, escroquerie et soustraction de deniers publics à la restitution ou au remboursement, avant jugement, du tiers au moins de la valeur détournée ou soustraite.

Ce seuil de restitution ou de remboursement pourrait être revu à la hausse (par exemple, deux tiers de la valeur détournée ou soustraite) et être étendu à toutes les infractions dans lesquelles l'auteur encaisse indûment des fonds publics, élude des droits ou reçoit des pots de vin ou des avantages indus (surfacturation, concussion, corruption, trafic d'influence, prise illégale d'intérêt, enrichissement illicite).

A l'opposé des circonstances atténuantes, les circonstances aggravantes désignent des situations prévues par la loi, qui ne sont pas un élément constitutif de l'infraction et qui entraînent l'application d'une peine plus sévère que celle initialement prévue[134].

L'on distingue, d'une part, entre les circonstances aggravantes générales (qui concernent toutes les infractions, exemple la récidive[135]) et celles spéciales (qui s'appliquent à telle ou telle infraction) et, d'autre part, entre les circonstances aggravantes réelles ou objectives (liées aux modalités

---

[134] La nature de la peine peut s'en trouver changée et, partant, la nature de l'infraction (voir supra, note de bas de page n° 105).

[135] C'est le fait pour une personne qui a déjà été condamnée définitivement pour une infraction, d'en commettre une autre dans un délai et dans des conditions définies par la loi. La récidive peut entraîner le doublement de la peine encourue pour la nouvelle infraction (voir articles 42 et 43 du CP).

concrètes de l'infraction) et celles personnelles ou subjectives (liées à la personne de l'auteur de l'infraction).

En ce qui concerne les infractions liées aux deniers publics, il y a lieu de créer des circonstances aggravantes pour adapter la répression au profil de l'auteur qui, en soi, peut imprimer à l'infraction plus de gravité, soit parce que ce dernier, en raison de son statut ou de ses fonctions, devait être exemplaire, soit parce qu'il devait empêcher ou réprimer le type d'infraction qu'il a commis.

Ainsi, la qualité de titulaire de mandat électif public, de magistrat, de membre des forces de défense ou de sécurité et les fonctions de direction, de surveillance, de contrôle et de répression pourraient être érigées en circonstances aggravantes des infractions de détournement, escroquerie, soustraction de deniers, d'entrave au contrôle, de complicité de surfacturation, de corruption, de trafic d'influence, d'enrichissement illicite, de prise illégale d'intérêt, de favoritisme, etc., si elles ne sont déjà des éléments constitutifs de ces infractions.

Au-delà du jeu des circonstances atténuantes ou aggravantes, les modes d'aménagement ab initio contribuent à l'individualisation de la peine.

C) Les modes d'aménagement ab initio

Les modes d'aménagement ab initio permettent au juge, au stade de la décision sur la peine, d'adapter non pas son quantum, mais les conditions de son prononcé ou de son exécution.

Prévus par l'article 44-2 du CP, on peut en citer trois, qui sont particulièrement intéressants : l'ajournement, la dispense de peine et le sursis.

L'ajournement diffère le prononcé de la peine à une date ultérieure. La dispense de peine, comme son nom l'indique, exonère la personne déclarée coupable des faits de condamnation pénale. Le sursis, quant à lui, emporte la suspension de l'exécution de tout ou partie de la peine.

Ces mécanismes doivent être prévus pour toutes les infractions liées aux deniers publics, même en cas de criminalisation du détournement, de l'escroquerie et de la soustraction de deniers publics[136].

L'ajournement est très efficace pour inciter un délinquant à la restitution des fonds ou biens détournés ou soustraits ou indûment reçus, possédés ou détenus, ou au remboursement desdits fonds ou de la valeur des biens en question, en faisant planer sur lui la peine telle une « épée de Damoclès ».

La dispense de peine et le sursis permettent en particulier de tenir compte du repentir du délinquant et de son effort de réparer le préjudice causé, et de lui donner ainsi une seconde chance.

Néanmoins, comme pour les circonstances atténuantes, la flexibilité tirée des modes d'aménagement ab initio doit être bien dosée pour ne pas perdre la cohérence du dispositif destiné à protéger l'argent et les biens publics.

En matière de détournement, escroquerie et soustraction de deniers, l'article 155 du CP assujettit le bénéfice du sursis à la restitution ou au remboursement, avant jugement, des trois quarts au moins de la valeur détournée ou soustraite.

Ce seuil de restitution ou de remboursement pourrait être augmenté et porté au quatre cinquièmes de la valeur détournée ou soustraite, et être étendu à la surfacturation, à la corruption, au trafic d'influence, à la concussion, à la prise illégale d'intérêt et à l'enrichissement illicite.

Dans ce cas, l'assiette du seuil sera constituée par la part du prix surfacturée ou des dépenses surévaluées et le montant des pots de vin, des droits éludés, des avantages et de l'enrichissement indus.

On le voit alors, la peine est un maillon essentiel du dispositif de protection des deniers publics. Sa mise en œuvre

---

[136] En l'état actuel, l'article 44-2 du CP exclut des modes d'aménagement qu'il prévoit, les crimes et le DDP.

passe par la procédure qui constitue, pour ainsi dire, le trait d'union entre l'infraction et la peine.

CHAPITRE SECOND

Les éléments de procédure du dispositif pénal de protection des deniers publics

Sous l'angle de la sauvegarde des fonds et biens publics, la procédure pénale soulève deux questions majeures : le déclenchement des poursuites et l'exécution des condamnations.

Section 1ère : Le déclenchement des poursuites

Déclencher des poursuites contre les auteurs d'infractions liées aux deniers publics suppose de régler trois interrogations qui ont un impact réel sur l'effectivité et l'efficacité de la répression desdites infractions : le principe des poursuites, la compétence juridictionnelle et les moyens d'investigation.

Paragraphe 1er : Le principe des poursuites

Il ne doit pas y avoir d'obstacles ou de difficultés d'ordre légal dans la poursuite des déprédateurs de fonds ou biens publics et autres délinquants économiques et financiers, pas plus qu'une inertie du parquet liée à certaines contingences.

A) Sur les obstacles ou difficultés d'ordre légal

Le niveau d'Etat de droit d'un pays se mesure à l'aune de l'égalité des citoyens devant la loi et la justice sans distinction de statut, de position sociale, de fortune ou de toute autre particularité. Ainsi, toute personne suspectée d'avoir enfreint les interdits capitaux doit pouvoir être poursuivie a priori.

L'obstacle légal est radical ou infranchissable. On en trouve des exemples dans le principe d'irresponsabilité du Chef de l'Etat et la prescription de l'action publique.

Au sujet du Président de la République, l'article 101 de la Constitution dispose qu'il « n'est responsable des actes accomplis dans l'exercice de ses fonctions qu'en cas de haute trahison ».

Cette irresponsabilité[137] ne devrait pas concerner les infractions liées aux deniers publics, lesquelles devrait être expressément qualifiées de haute trahison.

Dans l'absolu, un Chef d'Etat n'est pas à l'abri d'éventuelles violations de la loi pénale dans le cadre de ses prises de décisions et de ses actions ; il peut faire lui-même comme il peut faire faire.

Dans le contexte des pays africains, la probabilité de réalisation du risque pénal du côté du Chef de l'Etat est assez élevée avec la pratique des fonds spéciaux (fonds secrets, fonds politiques ou autres fonds), qui sont votés globalement et dont l'utilisation est laissée à la discrétion de cette autorité en dehors de tout contrôle administratif, parlementaire ou du juge des comptes, ce qui ouvre la possibilité à d'éventuels abus[138].

---

[137] L'irresponsabilité, qui constitue une immunité fonctionnelle, ne doit pas être confondue avec l'inviolabilité qui est une immunité personnelle mettant le Chef de l'Etat à l'abri de toute voie de droit ou d'exécution durant son mandat. La Constitution du Sénégal n'a pas prévu l'inviolabilité à la différence de la Constitution française dont l'article 67 dispose que le Président de la République « ne peut, durant son mandat et devant aucune juridiction ou autorité administrative française, être requis de témoigner non plus que faire l'objet d'une action, d'un acte d'information, d'instruction ou de poursuite. Tout délai de prescription ou de forclusion est suspendu. Les instances et procédures auxquelles il est ainsi fait obstacle peuvent être reprises ou engagées contre lui à l'expiration d'un délai d'un mois suivant la cessation des fonctions ».

[138] Voir Mamadou Abdoulaye SOW, « Fonds spéciaux, fonds secrets et fonds politiques, le brouillard financier », Quotidien Enquête Plus, 30 septembre 2017, https://www.enqueteplus.com/content/fonds-speciaux-fonds-secrets-et-fonds-politiques-le-brouillard-financier (consulté le 30 août 2024)

Ces fonds n'en demeurent pas moins des deniers publics et sont donc insusceptibles d'être utilisés à des fins personnelles.

La prescription en faisant obstacle à la poursuite des délits au-delà de trois ans à compter de leur commission[139], expose au risque de voir une bonne partie des cas de corruption, de trafic d'influence, de favoritisme, de surfacturation, de prise illégale d'intérêt, etc., tomber dans l'impunité si l'on sait que ces infractions, clandestines pour la plupart, sont difficiles à découvrir.

Ainsi, comme le prescrit l'article 29 de la Convention des Nations unies contre la corruption à propos de cette infraction et des pratiques voisines, le délai de prescription doit être suffisamment long pour garantir des poursuites contre les auteurs d'infractions liées aux deniers publics. Ce délai pourrait, par exemple, être fixé à 7 ans comme c'est le cas en matière de blanchiment de capitaux.

A noter sur ce point que l'article 20 de la loi n° 2024-06 modifiant la loi n° 2012-30 portant création de l'OFNAC a dérogé au CPP en portant le délai de prescription de l'action publique pour la corruption, l'enrichissement illicite, les pratiques assimilées et les infractions connexes à 7 ans.

L'application de cette disposition risque toutefois de poser problème en raison de l'imprécision des expressions « pratiques assimilées » et « infractions connexes », lesquelles n'ont pas été définies dans la loi.

Les infractions dont le délai de prescription doit être rallongé débordant le champ de compétence de l'OFNAC (négligence ayant favorisé un détournement, une escroquerie ou soustraction de deniers publics, concussion, gaspillage, surfacturation, favoritisme et prise illégale d'intérêt[140]), cette

[139] Articles 7 et suivants du CPP

[140] Dans la perspective de recentrage des missions assignées à l'OFNAC, il serait intéressant de supprimer la lutte contre la fraude, qui ressortit déjà à plusieurs administrations comme le fisc, la douane, l'IGE et les services en charge du commerce et des prix, et d'intégrer la lutte contre les conflits

disposition pourrait être abrogée et la réforme de la prescription faite à partir du CPP qui constitue le texte de référence en la matière.

Pour le détournement, l'escroquerie et la soustraction de deniers publics, leur criminalisation fera passer leur délai de prescription de 7 à 10 ans.

Au-delà de l'allongement du délai de prescription, tenant compte de la jurisprudence sur les infractions clandestines et s'inspirant de la loi française du 27 février 2017 portant réforme de la prescription en matière pénale, il y a lieu de prévoir dans le CPP que par dérogation aux articles 7 et suivants, le point de départ du délai de prescription pour les infractions occultes ou dissimulées[141] est fixé au jour où l'infraction est apparue et a pu être constatée dans des conditions permettant la mise en mouvement de l'action publique.

A la différence de l'obstacle, les difficultés ont trait à des mécanismes rendant malaisé le déclenchement de poursuites contre une catégorie particulière de personnes.

C'est le cas des autorisations de poursuites qui constituent un préalable au déclenchement de l'action publique, dont le non-respect entraîne la nullité de la procédure.

En ce sens, l'article 51 du Règlement intérieur de l'Assemblée prévoit que pendant la durée des sessions, aucun député ne peut être arrêté ou poursuivi en matière criminelle ou correctionnelle qu'avec l'autorisation de l'Assemblée nationale, sauf en cas de flagrance ou de fuite. Hors session, le député ne peut être arrêté qu'avec l'autorisation du Bureau

---

d'intérêts dont le délit de prise illégale d'intérêt constituera le soubassement répressif. La lettre C de l'acronyme OFNAC prendra ainsi en charge à la fois la corruption et les conflits d'intérêts.

[141] L'article 9-1, alinéas 3 et 4 du CPP français définit l'infraction occulte comme celle qui, en raison de ses éléments constitutifs, ne peut être connue ni de la victime ni de l'autorité judiciaire, et l'infraction dissimulée comme celle dont l'auteur accomplit délibérément toute manœuvre caractérisée tendant à en empêcher la découverte.

de l'Assemblée nationale, sauf en cas de flagrance ou de condamnation pénale définitive. La poursuite du député et sa détention sont suspendues si l'Assemblée nationale le requiert.

Les articles 60 à 62 du Code de justice militaire prévoient qu'aucune poursuite devant les juridictions ordinaires à formation spéciale ne peut avoir lieu, à peine de nullité, que sur un ordre de poursuite[142] adressé au Procureur de la République par le ministre en charge des Forces armées, le ministre en charge de l'intérieur, pour les sapeurs-pompiers, et l'autorité habilitée par les statuts propres aux corps paramilitaires.

L'article 60, alinéa 2 précise que si le justiciable a le grade d'officier général, l'ordre de poursuite ne peut être délivré que sur autorisation du Président de la République, après communication de la procédure.

Dans le même ordre d'idées, l'article 28 du décret n° 2020-1524 fixant le statut des notaires prévoit que ces derniers ne peuvent être recherchés, arrêtés, poursuivis ou détenus en raison de faits commis à l'occasion de leurs fonctions, en dehors des cas de flagrance, qu'avec l'autorisation du ministre en charge de la Justice, après avis du Conseil de Discipline de la Chambre des Notaires.

Les autorisations de poursuites contre les députés, les militaires et assimilées et les notaires sont sources de lourdeurs, de lenteurs et éventuellement de blocage lorsque l'autorisation est refusée par l'autorité ou l'instance qui, le plus souvent, bénéficie d'un pouvoir discrétionnaire[143].

---

142 L'expression « ordre de poursuite » qui sous-entend un lien de subordination, s'accommode mal avec le principe de l'indépendance de la justice.

143 L'article 60, alinéa 3 du Code de justice militaire dispose que l'autorité compétente est tenue de délivrer l'ordre de poursuite lorsque l'infraction a été dénoncée par un Procureur de la République, un juge d'instruction, un Procureur général ou la Chambre d'Accusation de la Cour d'Appel. Toutefois, aucun délai n'a été fixé à l'autorité et rien n'a été prévu au cas

Ainsi, devraient-elles être écartées lorsque sont en cause des infractions liées aux deniers publics afin qu'il n'y ait pas de risque d'impunité ou de couverture des auteurs ou encore que les intérêts de l'Etat ou de l'entité victime ne soient pas diligemment sauvegardés.

En soi, l'autorisation de poursuites contraste avec le principe de la séparation des pouvoirs en permettant à une autorité politique, administrative, civile ou militaire de paralyser l'action de la justice ou de retarder son cours.

Dans le cas des notaires, le fait qu'un texte réglementaire déroge à la loi portant CPP heurte la hiérarchie des normes chère à Hans KELSEN. Ledit règlement intervenant dans un domaine réservé à la loi, entre en contradiction avec les dispositions constitutionnelles[144].

Une fois les obstacles et les difficultés d'ordre légal liés aux poursuites éludés, l'efficacité du dispositif répressif pour la protection des deniers publics suppose l'absence d'inertie du ministère public.

B) Sur l'inertie du parquet

Le principe de l'opportunité des poursuites[145] illustré par le titre de « maitre des poursuites » donné au Procureur de la République, signifie que devant une infraction à la loi pénale, ce dernier n'est pas tenu d'engager des poursuites et qu'il en apprécie ainsi l'opportunité.

Ce principe doit toutefois être concilié avec une exigence du droit financier en vertu de laquelle les créances de l'Etat et des autres organismes publics sont insusceptibles de

---

où cette dernière, malgré tout, refuse de délivrer l'ordre de poursuite ou garde le silence.

144 L'article 67 de la Constitution prévoit que la loi fixe les règles concernant la détermination des crimes et des délits, les peines qui leur sont applicables ainsi que la procédure pénale.

145 Son contraire étant la légalité des poursuites.

renonciation ou de transaction en dehors des cas et des conditions prévus par un texte[146].

S'abstenir de poursuivre un détournement, une escroquerie ou une soustraction de deniers publics, une surfacturation, un gaspillage ou une concussion revient à renoncer à la restitution ou au remboursement des deniers perdus ou, à tout le moins, à la réparation du préjudice causé à l'Etat ou à l'entité concernée.

Ainsi, l'opportunité des poursuites ne devrait pas jouer lorsqu'on est en présence d'infractions mettant directement en cause les deniers publics.

Un autre argument de taille qui conforte cette vision des choses est le fait que s'abstenir de poursuivre de telles infractions dénote une négligence dans la sauvegarde des intérêts de l'Etat ou de l'organisme considéré, ce qui en soi est constitutif de faute de gestion au sens de l'article 57-12 de la loi organique sur la Cour des Comptes.

L'inertie du parquet ne saurait légalement être justifiée par la subordination hiérarchique encore que le ni le Procureur de la République, ni le Procureur général de cour d'appel ne sont sous subordination hiérarchique, cette dernière supposant un pouvoir général sur la personne (pouvoir de sanction) et sur les actes (pouvoir de rétractation, de réformation et d'annulation) du subordonné.

En effet, le pouvoir d'injonction du Garde des Sceaux sur le Procureur général de cour d'appel et de celui-ci sur les Procureurs de la République de son ressort ne joue que dans un sens, celui de demander le déclenchement de poursuites ; autrement dit toute injonction de ne pas poursuivre est illégale et non avenue dans le cas du ministre[147].

Afin d'inciter les parquets à prendre en charge les cas déclarés ou avérés d'infractions liées aux deniers publics, il y

---

146 Article 55 du RGCP

147 En vertu de la théorie de l'inexistence, voir CE, Ass., 31 mai 1957, Rosan GIRARD, https://www.conseil-etat.fr/fr/arianeweb/CE/decision/1957-05-31/26188 (consulté le 30 août 2024).

a lieu de prévoir expressément dans le CPP l'obligation pour les Procureurs de la République de diligenter des enquêtes et d'engager des poursuites lorsqu'il existe des indices graves et concordants de commission de telles infractions. Ainsi, l'inertie pourra être sanctionnée par l'engagement de la responsabilité disciplinaire du magistrat en cause[148].

La nature de la juridiction devant laquelle les poursuites sont intentées revêt également une importance capitale quant à l'efficacité de celles-ci.

Paragraphe 2 : La compétence juridictionnelle

En plus de biaiser le principe d'égalité devant la loi et devant la justice, certains privilèges de juridiction[149] rendent malaisées les poursuites et offrent une immunité ou impunité de fait.

Dans le cas des ministres qui, rappelons-le, échappent à la compétence de la CDF[150], le fait qu'ils relèvent d'une juridiction à connotation politique, la Haute Cour de Justice (HCJ), rend peut évidentes d'éventuelles poursuites à leur encontre alors qu'ils sont au cœur de la gestion étatique.

L'« aspect politique » de la HCJ, concédé par la loi organique n° 2002-10 y relative, dans son exposé des motifs, découle de la composition du siège de cette juridiction et de sa procédure de saisine.

En effet, le siège est constitué d'un magistrat professionnel (le Premier Président de la Cour suprême) et de huit députés élus à la majorité absolue après chaque renouvellement de l'Assemblée nationale.

---

148 L'article 755 bis du CPP dispose que l'inobservation par les magistrats, greffiers en chef, greffiers et secrétaires des formalités et délais prévus par ledit code constitue une faute professionnelle entraînant l'application des sanctions disciplinaires prévues par les statuts particuliers.

149 Le privilège de juridiction permet à une personne d'être justiciable d'une juridiction différente de celle normalement compétente en vertu des règles de droit commun.

150 Voir supra, note de bas de page n° 104

La HCJ est saisie par ordonnance de renvoi de la commission d'instruction composée certes de magistrats professionnels (Premier Président de la Cour d'Appel de Dakar et quatre magistrats du siège de cette juridiction) mais dont la saisine par le parquet (représenté par le Procureur général près la Cour suprême) suppose, au préalable, une résolution de l'Assemblée nationale portant mise en accusation, votée à la majorité des trois cinquièmes des députés.

En plus de 60 ans d'existence, la HCJ n'a été saisie qu'une seule fois, contre l'ancien Président du conseil, Mamadou DIA et ses co-inculpés (quatre ministres) en 1963. L'affaire concernant l'ancien Premier ministre, Idrissa SECK en 2005 a abouti à un non-lieu.

En leurs qualités de représentants de l'Etat dans les contrats et conventions divers, d'ordonnateurs principaux des dépenses et des matières de leurs départements, de personnes responsables des marchés des administrations centrales, de chefs des administrations centrales et déconcentrées et d'autorités de tutelle des organismes décentralisés ou autonomes, les décisions et les actions des ministres impactent substantiellement les deniers publics.

Ainsi, dans ce contexte, lorsqu'ils enfreignent les dispositions pénales (par exemple, en se rendant coupables de corruption, d'enrichissement illicite, de favoritisme, de prise illégale d'intérêt, de gaspillage ou de complicité de détournement ou d'escroquerie sur les deniers publics), ils devraient être justiciables des juridictions de droit commun.

De façon générale, les privilèges de juridiction devraient être écartés à chaque fois que le bénéficiaire est recherché au titre d'une infraction liée aux deniers publics, qu'il en soit l'auteur principal, un coauteur ou un complice ou qu'il en est blanchi le produit.

Dans le cas particulier du Chef de l'Etat, l'on pourrait envisager qu'il soit justiciable de la Cour suprême en lieu et place de la HCJ, en cas de haute trahison (qui doit inclure les infractions liées aux deniers publics).

Au-delà des privilèges de juridiction, l'existence d'une juridiction d'exception peut également avoir un effet inhibiteur et être ainsi source d'impunité pour ses justiciables.

La léthargie chronique dans laquelle était plongée la Cour de Répression de l'Enrichissement illicite (CREI) avant sa suppression[151] en fournit une parfaite illustration.

Il est toutefois à craindre avec la création du Pool judiciaire financier (PJF) censé remplacer la CREI et partager avec les juridictions de droit commun leurs compétences en matière de répression des infractions économiques et financières, en plus de ses compétences propres ou exclusives, une résurgence des tares (centralité, hypertrophie, toute puissance et à la fois vulnérabilité du Procureur spécial) qui ont conduit, en partie, à l'inefficacité de cette juridiction.

Pour rappel, les compétences concurrentes du PJF concernent, entre autres, la corruption et les pratiques assimilées, le détournement, l'escroquerie et la soustraction de deniers publics, le blanchiment de capitaux, les infractions fiscales et douanières, les infractions liées à la fausse monnaie et les infractions en matière de chèque, de carte bancaire et autres instruments et procédés électroniques de paiement[152].

Quant aux compétences propres du pool, elles s'étendent d'abord aux cas de corruption et pratiques assimilées et de blanchiment de capitaux résultant des enquêtes de l'OFNAC ou de la Cellule nationale de Traitement des Informations financières (CENTIF), aux infractions liées à la réglementation des marchés publics, à l'enrichissement illicite, aux infractions liées à la réglementation bancaire, aux infractions boursières sur le marché financier, etc.[153]

---

[151] Par la loi n° 2023-14 modifiant la loi n° 65-61 portant CPP et abrogeant la loi n° 81-54 créant la CREI

[152] Article 677-93 du CPP

[153] Idem, article 677-94

Le PJF est, en outre, exclusivement compétent pour connaitre des infractions relevant des compétences concurrentes lorsque le montant du préjudice est supérieur ou égal à 50 millions de francs CFA[154].

Morceau choisi, la matière enrichissement illicite, à elle seule, est difficilement gérable, de façon effective et efficace, par une seule juridiction étant entendu qu'elle concerne tout titulaire d'un mandant public ou d'une fonction gouvernementale, fonctionnaire ou agent de l'Etat ou de ses démembrements, magistrat, dépositaire public ou officier public ou ministériel, dirigeant ou agent des sociétés nationales, des sociétés anonymes à participation publique, des personnes morales de droit privé bénéficiant du concours financier de la puissance publique, des ordres professionnels, des organismes privés chargés d'une mission de service public, des associations ou fondations reconnues d'utilité publique.

Ainsi, la détection de tous les cas se présentant sur toute l'étendue du territoire national et leur prise en charge ne sauraient être assurées par un seul parquet par ailleurs compétent pour plusieurs autres matières tout aussi consistantes que l'enrichissement illicite.

Au demeurant, le Procureur de la République financier, malgré ses importants pouvoirs[155], demeure vulnérable à l'instar de son prédécesseur, le Procureur spécial près la

[154] Article 677-94 du CPP

[155] L'inopposabilité du secret professionnel au Procureur spécial près la CREI et à ses commissionnés, résultant de l'article 363 du CP issu de la loi n° 81-53 relative à la répression de l'enrichissement illicite, n'a pas été reprise au profit du Procureur de la République financier dans la loi n° 2023-14 précitée instituant le PJF.

CREI, puisque révocable à tout moment[156] en l'absence de garanties statutaires spécifiques telles qu'un mandat[157].

Dans la perspective d'une prise en charge effective et efficace des infractions liées aux deniers publics, il apparaît mieux indiqué de déconcentrer la compétence juridictionnelle et de « banaliser » ainsi la répression de telles infractions.

A cette fin, aussi bien l'enrichissement illicite que les autres types d'infractions économiques et financières devraient ressortir aux juridictions de droit commun, en l'occurrence les tribunaux de grande instance (TGI) avec leurs parquets, leurs cabinets d'instruction et leurs formations de jugement.

Au besoin, au sein des TGI, des magistrats pourront être spécialisés dans ce type de contentieux et des substituts, cabinets et chambres correctionnelles spécialement désignés pour connaître de ces affaires.

La question de la compétence résolue, il se pose une autre à propos des moyens d'investigation dont disposent les parquets, avec leurs unités de police judiciaire[158], et les cabinets d'instruction.

---

[156] Pour rappel, le Procureur spécial près la CREI, Alioune NDAO, avait été limogé en plein procès (voir https://www.rfi.fr/fr/afrique/20141112-senegal-procureur-crei-limoge-proces-karim-wade-alione-ndao-cour-repression-enrichissement-illicite consulté le 30 aout 2024).

[157] Le mandat garantit au titulaire d'une haute fonction juridictionnelle d'exercer sereinement ses responsabilités pendant une durée déterminée à l'avance, avant l'expiration de laquelle il ne peut être destitué sauf empêchement ou faute grave dûment constatés. Une telle garantie doit être prévue pour tous les chefs de parquet et les présidents de juridiction, à partir des TGI jusqu'à la Cour suprême. Pour rappel, le Premier Président de la Cour des Comptes, le Vérificateur général de l'IGE et le Président de l'OFNAC bénéficient, respectivement, d'un mandat de 5 ans renouvelable une fois, de 7 ans non renouvelable et de 5 ans renouvelable une fois (voir articles 8 de la loi organique n° 2012-23 sur la Cour des Comptes, 3 de la loi n° 2011-14 portant statut des IGE, 5 et 6 de la loi n° 2024-06 modifiant la loi n° 2012-30 portant création de l'OFNAC).

[158] Il serait intéressant de créer dans chaque ressort de TGI, au sein des deux plus grandes unités de police judiciaire existantes, une brigade spécialisée dans les enquêtes de criminalité économique et financière.

Paragraphe 3 : Les moyens d'investigation

Les infractions liées aux deniers publics étant insidieuses et techniques pour la plupart, l'effectivité et l'efficacité de leur répression passent par des moyens de détection et des techniques d'enquête adaptés.

A) Les moyens de détection des infractions

En matière de criminalité économique et financière, la notion de détection qui fait référence à la pro action et à l'anticipation, est préférée à celle de découverte qui place les instances de poursuites et les unités d'enquête dans une posture de passivité.

Les moyens pour détecter les infractions liées aux deniers publics sont nombreux et variés, mais faudrait-il rappelé que la séparation entre l'administration et la justice fait qu'il n'est pas évident de découvrir certaines de ces infractions sauf dénonciation par l'administration elle-même, ce qui n'est pas gagné d'avance quand l'auteur est en position d'autorité ou est une personnalité politique influente.

A ce propos, le CPP[159] prévoit l'obligation pour tout fonctionnaire ou agent public au fait d'une infraction à la loi pénale de la dénoncer au Procureur de la République.

Afin de rendre systématique la dénonciation des cas de détournement, escroquerie, soustraction de deniers publics, concussion, surfacturation, gaspillage, corruption, trafic d'influence, favoritisme, prise illégale d'intérêt, etc., il y a lieu d'aménager un délit de non dénonciation desdites infractions à l'encontre des agents et autorités publics, surtout ceux

---

[159] Article 32, alinéa 2 : « toute autorité constituée, tout officier public ou fonctionnaire qui, dans l'exercice de ses fonctions, acquiert la connaissance d'un crime ou d'un délit, est tenu d'en donner avis sans délai au Procureur de la République et de transmettre à ce magistrat tous les renseignements, procès-verbaux et actes qui y sont relatifs.

investis de fonctions de contrôle, d'inspection interne, de direction, de surveillance ou de tutelle.

Il s'agit d'ailleurs d'une exigence du Code de transparence dans la gestion des finances publiques dont le point 7.3 dispose que « des sanctions, prononcées dans le respect des règles de l'Etat de droit, sont prévues à l'encontre de tous ceux qui, élus ou agents publics, ont violé les règles régissant les deniers publics. La non dénonciation à la justice de toute infraction à ces règles par un agent public qui en aurait eu connaissance est sanctionnée pénalement ».

En dehors de l'administration, la dénonciation peut provenir de tiers (usagers d'un service, contribuables, membres d'organisations de lutte contre la corruption, journalistes d'investigation, lanceurs d'alerte, etc.).

Cette forme de dénonciation peut être encouragée en aménageant un système de récompense, les gratifications faites aux dénonciateurs étant sans proportion avec les deniers publics qu'elles permettront de récupérer ou les éventuelles réparations, confiscations et amendes qui seront prononcées au profit du Trésor public ou des organismes victimes.

La dénonciation peut aussi être encouragée en prévoyant, d'une part, l'immunité pour la personne impliquée dans l'infraction comme coauteur, complice, recéleur ou blanchisseur, qui aura dénoncé les faits avant le déclenchement des poursuites, et d'autre part, une réduction de peine[160] pour celui qui n'aura dénoncé qu'après le déclenchement des poursuites mais dont la dénonciation aura permis l'identification et, éventuellement, l'arrestation des autres personnes impliquées.

Pour rappel, ce système existe déjà en matière de corruption (voir supra, page 45) et de crimes et délits contre la sureté de l'Etat[161].

---

[160] Ce sera une réduction de peine prévue par le CP, à ne pas confondre avec la réduction de peine accordée par le Comité de l'Aménagement des Peines sur le fondement de l'article 693-4 du CPP.

[161] Article 89 du CP

Au-delà de la dénonciation, les rapports de la CENTIF et de l'OFNAC[162] mettent en évidence plusieurs types d'infractions économiques et financières.

En effet, les déclarations de soupçon adressées à la CENTIF peuvent révéler des flux financiers, transactions ou opérations diverses qui, soit consomment un détournement de fonds, une corruption, un trafic d'influence ou un enrichissement illicite, soit se rapportent au produit d'une telle infraction[163].

Les déclarations de soupçon, lorsqu'elles sont systématiques, constituent une source intarissable d'informations utiles au traçage et au gel[164] des avoirs criminels ou biens mal acquis, d'où l'impératif d'assurer un bon suivi du respect par les assujettis de leur obligation déclarative et d'appliquer aux contrevenants les sanctions prévues.

---

[162] La loi n° 2024-06 modifiant celle portant création de l'OFNAC a conféré à ce dernier, autorité administrative indépendante, des pouvoirs empiétant sur ceux des parquets (arrestation, garde à vue, médiation pénale, mise en demeure pour enrichissement illicite, dessaisissement d'autorité d'enquête), ce qui méconnait la séparation des pouvoirs et appelle une nouvelle réforme pour un retour à l'orthodoxie.

[163] Il faut noter que l'article 9 de la LBC/FT/PADM inclut dans la définition du blanchiment l'acquisition, la détention et l'utilisation en connaissance de cause de biens provenant d'un crime ou d'un délit (ce qui recoupe le recel), et prévoit que le blanchiment est constitué même si les faits sont commis par l'auteur de l'infraction ayant procuré les biens à blanchir. Par l'effet de cette disposition, l'auteur d'un détournement de fonds, d'une corruption ou d'un enrichissement illicite, par exemple, est convaincu en même temps de blanchiment de capitaux par la simple détention ou l'utilisation des fonds ou biens procurés par l'infraction, ce qui jusque-là était exclu par la jurisprudence sur le fondement du principe non bis in idem (Cass. crim., 7 décembre 2016, n° 15-87335, https://www.legifrance.gouv.fr/juri/id/JURITEXT000033573141/ consulté le 30 août 2024, voir aussi notes de bas de page n° 31 et 32).

[164] Notion très usitée dans les textes sur la lutte contre le crime organisé, la corruption et le blanchiment, le gel désigne « l'interdiction temporaire du transfert, de la conversion, de la disposition ou du mouvement d'un bien ».

En disposant que « lorsque les opérations mettent en évidence des faits susceptibles de constituer une infraction de blanchiment de capitaux [...], la CENTIF transmet un rapport sur ces faits au Procureur de la République qui saisit immédiatement le juge d'instruction », l'article 66 de la LBC/FT/PADM préfigure le principe de la légalité des poursuites en matière de blanchiment de capitaux[165].

L'exploitation des déclarations de patrimoine déposées à l'OFNAC ou auprès d'autres autorités[166] peut aussi permettre de déceler des situations d'enrichissement illicite.

Toutefois, pour être utiles, les déclarations de patrimoine doivent donner la situation du patrimoine des assujettis aussi bien à l'entrée qu'à la sortie des fonctions[167] pour permettre de cerner l'évolution des éléments de ce patrimoine et d'apprécier ainsi son bien-fondé au regard des revenus légaux des assujettis.

Compte tenu de la possibilité pour ces derniers de mettre une partie de leurs biens au nom de leur conjoint ou de leurs enfants, il y a lieu d'élargir le périmètre du patrimoine à déclarer aux biens appartenant à ces personnes, quel que soit par ailleurs le régime matrimonial opté par l'assujetti et son conjoint.

---

165 A noter que la saisine d'un juge d'instruction n'équivaut pas nécessairement à des poursuites contre une ou des personnes déterminées, le parquet pouvant prendre un réquisitoire contre X.

166 Le Président de la République dépose sa déclaration de patrimoine au Conseil constitutionnel en vertu de l'article 37 de la Constitution, et les magistrats de la Cour des Comptes auprès du Secrétaire général de cette juridiction en application de l'article 28 de la loi organique n° 2016-26 portant statut desdits magistrats.

167 Conformément au point 7.1 du Code de transparence dans la gestion des finances publiques et à l'article 1er de la loi n° 2014-17 relative à la déclaration de patrimoine, modifiée par la loi n° 2024-07. L'article 1er prévoit une déclaration d'entrée dans les trois mois de la nomination [ou de l'élection] et une déclaration de sortie dans les trois mois de la cessation des fonctions [ou du mandat] sauf cause de décès. A noter que l'article 37 de la Constitution n'astreint le Président de la République qu'à une déclaration d'entrée.

En effet, l'article 1er de la loi n° 2014-17 relative à la déclaration de patrimoine, modifiée ne vise en dehors des biens propres de l'assujetti que les biens de la communauté et les biens réputés indivis dans le cadre du régime de la séparation, laissant ainsi en rade les biens propres du conjoint et les biens réservés de la femme au sens de l'article 371 du Code de la famille.

A noter que pour les magistrats de la Cour des Comptes, l'article 28 de la loi organique n° 2016-26 portant statut desdits magistrats inclut déjà dans le patrimoine à déclarer les biens du conjoint et des enfants mineurs sans faire de distinction suivant le régime matrimonial ou la nature des biens.

A propos des rapports de l'OFNAC, il y a lieu de relever une avancée significative dans leur prise en charge judiciaire, introduite par la loi n° 2024-06 modifiant celle portant création de l'office.

L'article 14 de cette loi, à l'instar de l'article 66 de la LBC/FT/PADM évoqué plus haut, réduit les marges de manœuvre du parquet en prévoyant que lorsque les informations collectées et analysées à l'issue de ses investigations font présumer l'existence de l'une des infractions visées dans la loi, l'OFNAC transmet un rapport accompagné des pièces du dossier au Procureur de la République financier qui saisit, dans les trois mois, un ou plusieurs juges d'instruction.

L'article 14 va d'ailleurs plus loin en disposant que le ministère public tient l'OFNAC informé des décisions du juge dans le mois de leur prise, ce qui est de nature à inciter le parquet à faire le suivi des affaires en question et à permettre à l'office d'avoir un feedback sur ses rapports.

Outre les rapports de la CENTIF et de l'OFNAC, l'exploitation des rapports des corps de contrôle de l'Etat (IGE, Cour des Comptes) et de l'ARCOP en ce qui concerne l'audit des marchés publics, peut permettre de détecter ou de découvrir une kyrielle d'atteintes directes ou potentielles aux deniers publics, surtout les cas de détournement, escroquerie, soustraction de deniers publics, surfacturation, gaspillage, concussion, immixtion dans les fonctions comptables publiques, favoritisme et prise illégale d'intérêt.

En pratique, lesdits rapports de contrôle, qui constatent des faits précis imputables à des personnes généralement bien identifiées, sont assortis de recommandations portant sur l'ouverture d'enquêtes judiciaires.

Afin d'optimiser la mise en œuvre des recommandations aux fins d'ouverture d'enquête, il y a lieu d'abolir l'intermédiation du Garde des Sceaux dans la transmission desdites recommandations et de créer ainsi un lien direct entre les corps et organes de contrôle et les parquets.

Cette façon de procéder serait plus conforme au principe de la séparation des pouvoirs et faciliterait le suivi de ces types de recommandations.

Les infractions liées aux deniers publics une fois détectées, appellent la mise en œuvre de techniques d'enquête adaptées à chaque cas.

B) Les techniques d'enquête

Il s'agit de procédés autorisés par la loi, permettant de recueillir les éléments de nature à assoir de façon claire et précise les infractions dans tous leurs éléments constitutifs, notamment matériels et moraux.

Parmi les techniques d'enquête les plus adaptées en matière d'infractions liées aux deniers publics, figurent, d'une part, des procédés classiques tels que la collecte et l'exploitation de documents, l'interrogatoire et la confrontation, et d'autre part, des techniques d'enquête spéciales comme la surveillance et l'interception de communications, l'interception de courrier, la surveillance électronique, l'infiltration et la provocation à l'infraction.

A ce propos, l'article 50 de la Convention des Nations unies contre la corruption exhorte chaque Etat partie à prendre les mesures nécessaires pour que ses autorités compétentes puissent recourir de façon appropriée, sur son territoire, à des techniques d'enquête spéciales, telles que la surveillance électronique ou d'autres formes de surveillance et les opérations d'infiltration, et pour que les preuves recueillies au moyen de ces techniques soient admissibles devant ses tribunaux.

Au rang des procédés classiques, la collecte et l'exploitation de documents sont capitales en ce sens que pour la plupart des infractions liées aux deniers publics, leur caractérisation suppose d'établir des éléments dont la preuve doit, en principe, être rapportée par écrit[168]. C'est le cas notamment lorsqu'il s'agit d'établir des transactions, de retracer des opérations financières, d'établir la propriété sur des biens notamment immobiliers, etc.

Par le biais de l'entraide judiciaire internationale[169], la documentation des enquêtes peut être poursuivie au-delà des frontières nationales.

En ce sens, l'article 46 de la Convention des Nations unies contre la corruption prévoit que l'entraide judiciaire qui est accordée en application de ses dispositions, peut être

[168] En vertu des articles 414 et 415 du CPP, la preuve des infractions est libre et tous les moyens de preuve, fut-il l'aveu, sont laissés à l'appréciation du juge qui décide d'après son intime conviction. Ce principe connait toutefois des exceptions, la loi pouvant exiger un moyen de preuve particulier pour une infraction donnée ou un élément d'infraction ou accorder à tel ou tel support de preuve une force probante renforcée (cas des documents authentiques qui font foi de leur contenu jusqu'à inscription de faux).

[169] Il s'agit d'un mécanisme permettant une coopération large, directe et efficace entre Etats, notamment en matière d'enquête, de poursuites, de gel et de recouvrement d'avoirs. L'entraide résulte d'un accord ou traité bilatéral ou d'une convention multilatérale (comme la Convention des Nations unies contre la corruption, celle contre la criminalité transnationale organisée et la Convention de l'Union africaine sur la prévention et la lutte contre la corruption) ou encore de lois uniformes (exemple, les lois transposant la Directive n° 01/2023/CM/UEMOA relative à la lutte contre le blanchiment de capitaux).

demandée aux fins de fournir des informations, des pièces à conviction, des estimations d'experts, des originaux ou des copies certifiées conformes de documents et dossiers pertinents, y compris des documents administratifs, bancaires, financiers ou commerciaux et des documents de société.

Au-delà de la caractérisation des infractions, la collecte et l'exploitation documentaires permettent d'identifier et de localiser les biens susceptibles de gel et de confiscation, y compris la confiscation générale (voir supra, page 64 et infra, page 102).

A ce niveau, pour les biens se trouvant à l'étranger, l'entraide judiciaire peut permettre de réaliser les diligences ainsi que l'illustre l'article 46 de la Convention des Nations unies contre la corruption, précité, qui dispose que l'entraide peut être demandée aux fins d'identifier ou de localiser des produits de crime, des biens, des instruments ou d'autres choses.

Dans le cadre de la collecte documentaire, il convient de renforcer les pouvoirs des parquets en leur conférant les mêmes prérogatives que l'ancien Procureur spécial près la CREI (auquel le secret professionnel n'était pas opposable[170]) et le droit de communication reconnu aux services financiers de l'Etat[171].

Corrélativement, les entraves ou obstructions à la collecte de documents devraient être dissuadées sur le terrain de la répression pénale en élargissant l'incrimination d'atteinte à l'administration de la justice[172] à celui qui se sera volontairement abstenu de communiquer des documents ou des informations requis ou se sera opposé à la saisie de documents ou supports d'information présentant un intérêt

---

170 En vertu de l'article 363 du CP

171 Par les articles 571 et suivants du Code général des impôts. L'article 63 de la loi organique n° 2012-23 sur la Cour des Comptes prévoit que celle-ci exerce directement ce droit de communication.

172 Prévue à l'article 197 bis du CP

pour la justice, ou qui aura volontairement détruit lesdits documents ou supports d'information.

Au titre des techniques d'enquête spéciales, la surveillance électronique, la surveillance et l'interception de communications, l'interception de courrier, la surveillance de comptes bancaires ou de portefeuilles électroniques et la filature permettent de collecter des renseignements et des documents sur les activités, les contacts, les avoirs et le train de vie d'un ou plusieurs individus et sur les flux d'argent et de biens les concernant.

Ces techniques sont essentielles pour les infractions clandestines comme la corruption, le trafic d'influence[173], la prise illégale d'intérêt, le blanchiment de capitaux et l'enrichissement illicite.

Il faut rappeler que les liens et interactions que les délinquants économiques et financiers ont entre eux ou avec des biens ne sont pas nécessairement formalisés, et que ces hors la loi créent souvent une rupture avec leurs biens en recourant notamment à des prête-noms.

A propos de l'interception de communications, il y a lieu de relever qu'en raison de son caractère intrusif et attentatoire à la vie privée et au secret des communications téléphoniques et électroniques[174], sa mise en œuvre suppose l'autorisation préalable du juge.

Notons sur ce point que l'article 90-16 du CP issu de la réforme de 2021 (loi n° 2021-34) prévoit que le juge d'instruction ne peut donner une telle autorisation, en dehors des crimes, que pour les infractions dont « le minimum de la

[173] Dans l'affaire de corruption et de trafic d'influence impliquant l'ancien Président de la République française, Nicolas SARKOZY, l'écoute des conversations téléphoniques entre ce dernier et son avocat, Thierry HERZOG, a contribué à assoir à leur encontre ainsi qu'à l'égard du magistrat de la Cour de Cassation, Gilbert AZIBERT, l'existence d'un pacte de corruption. Voir supra, note de bas de page n° 72.

[174] L'inviolabilité du secret des communications téléphoniques et électroniques est consacrée par l'article 13 de la Constitution qui n'y admet des restrictions qu'en application d'une disposition légale.

peine encourue est supérieur ou égal à quatre ans d'emprisonnement », ce qui revient à exclure, entre autres, les délits de corruption, trafic d'influence, concussion et prise illégale d'intérêt, d'où l'impératif de réécrire cette disposition.

L'article 110 de la LBC/FT/PADM, quant à lui, va plus loin en permettant à « l'autorité judiciaire compétente »[175] d'autoriser, outre l'interception de communications, l'accès à des systèmes, réseaux et serveurs informatiques, l'enregistrement audio ou vidéo ou la photographie d'actes ou d'agissements ou de conversations, l'interception et la saisie de courrier.

Dans le cas des délinquants avertis, rusés et prudents au point de ne laisser aucune trace compromettante pouvant lui être opposée lors d'un procès, l'infiltration[176] et la provocation à l'infraction, qui ont fait leurs preuves en matière de trafic de drogue, pourraient permettre de les démasquer.

Ces techniques d'investigation pourraient s'avérer très utiles et efficaces en matière de corruption et de trafic d'influence où la preuve directe de l'infraction est très difficile sauf dénonciation par le corrupteur, ce qui est improbable lorsque ce dernier y trouve son compte.

---

[175] L'article 93 de la loi n° 2018-03 abrogée par la LBC/FT/PADM faisait référence au juge d'instruction. Malgré son caractère large et assez floue, l'expression « autorité judiciaire compétente » doit s'entendre ici d'un juge, seul garant de la liberté individuelle.

[176] Elle consiste à introduire un agent dans un milieu ou dans une organisation afin de recueillir des informations ou de constater in situ la commission d'infractions (cette seconde finalité vaut à l'infiltration l'appellation de provocation à la preuve lorsque l'agent infiltré se contente juste d'observer l'activité délictueuse et n'exerce aucune influence de nature à inciter à la commission de l'infraction, voir Jean-François RENUCCI, « Loyauté des preuves et distinction entre "provocation à l'infraction" et "provocation à la preuve" », Revue de science criminelle et de droit pénal comparé, 2014/4 n° 4, https://www.cairn.info/revue-de-science-criminelle-et-de-droit-penal-compare-2014-4-page-843.htm consulté le 30 août 2024).

La provocation à l'infraction, parce qu'elle est à la lisière de l'exigence de loyauté de la preuve[177], suppose pour sa mise œuvre, l'aménagement d'une disposition spéciale dans le CPP l'autorisant et l'encadrant pour des infractions bien identifiées.

L'interrogatoire et la confrontation, comme dans toute enquête, viennent parachever le processus de collecte d'éléments probants en prenant la version des faits de la personne suspectée, en recueillant ses explications sur les éléments à charge réunis contre elle, en la mettant face aux témoins ou à ses co-mis en cause ou co-inculpés à l'effet de recueillir ses observations sur leurs déclarations, en consignant les contre-preuves qu'elle produit au soutien de ses allégations…

Dans le cas d'un dossier comportant des constatations issues d'un rapport de contrôle, les enquêteurs doivent garder à l'esprit que la personne épinglée a été mise à même de s'expliquer au besoin pièces à l'appui lors de la phase contradictoire de la procédure de contrôle et que les nouvelles pièces qu'elle propose de produire, peuvent avoir été confectionnées après coup.

Au demeurant, il faut noter qu'en l'état actuel du droit, la force probante des procès-verbaux d'interrogatoire établis par les officiers de police judiciaire et les juges d'instruction n'est pas expressément définie par la loi.

En effet, les articles 417 et 418 du CPP ne font référence qu'aux procès-verbaux et rapports constatant les délits[178],

---

[177] La jurisprudence de la Cour européenne des Droits de l'Homme retient que tout stratagème policier consistant en une provocation à commettre une infraction viole le droit à un procès équitable, l'équité du procès étant étroitement liée à la loyauté de la preuve (CEDH, 15 déc. 2005, n° 53203/ 99, Vanian c/ Russie). Cette position, qui peut se comprendre au regard du niveau de développement des pays européens, n'est pas forcément valable dans le contexte des pays africains où l'informel domine des pans entiers de l'économie et des interactions humaines, obligeant ainsi à des approches inquisitives pour pouvoir disposer de certaines informations.

[178] Par abus de langage, on parle de procès-verbal d'enquête alors qu'en réalité, ce qu'on désigne constitue une compilation de procès-verbaux de

l'article 417 posant le principe que lesdits procès-verbaux « ne valent qu'à titre de simples renseignements »[179], et l'article 418 indiquant les cas où les procès-verbaux font foi jusqu'à preuve contraire rapportée par écrit ou par témoignage.

Quant aux procès-verbaux du juge d'instruction (de transport sur les lieux, de reconstitution des faits, d'interrogatoire de première comparution, d'interrogatoire au fond, etc.), aucune disposition légale ne précise leur force probante.

Dans la perspective de renforcer la force probante des procès-verbaux d'interrogatoire de police, il y a lieu d'inclure dans le droit à l'assistance d'un avocat[180], la présence de ce dernier aux interrogatoires et confrontations et de prévoir l'enregistrement audiovisuel des interrogatoires, y compris ceux du juge d'instruction. Cela permettra d'éviter, du côté des enquêteurs, les aveux extorqués ou fabriqués et, du côté

---

constatations, de perquisition, de saisie, d'audition, d'interrogatoire, etc. Le procès-verbal dont fait état l'article 417, c'est le procès-verbal de constatations. A rappeler sur ce point qu'un procès-verbal de constatations ou de perquisition peut être vicié et annulé et les autres procès-verbaux rester valables et vice versa. Chaque procès-verbal correspond à une opération ou à un acte d'enquête soumis à des conditions notamment de forme spécifiques.

179 C'est sans doute par un raisonnement a fortiori que la pratique judiciaire retient que les procès-verbaux d'interrogatoire de police ne valent qu'à titre de renseignements. En effet, si les propres constatations de l'agent assermenté n'ont que cette valeur, les déclarations qu'il ne fait que rapporter auront à plus forte raison cette valeur.

180 Consacré par l'article 5 du Règlement n° 05/CM/UEMOA relatif à l'harmonisation des règles régissant la profession d'avocat dans l'espace UEMOA, le droit à l'assistance d'un avocat, pour le moment, emporte juste l'obligation pour les officiers de police judiciaire d'informer la personne mise en cause, à l'entame de la procédure, de son droit d'être assisté par un avocat, de contacter le cas échéant l'avocat choisi et de mettre ce dernier à même de s'entretenir avec son client pendant trente minutes au maximum (article 55 du CPP).

des justiciables, les contestations systématiques et injustifiées d'aveux[181].

Lorsque les éléments de preuve recueillis emportent la conviction des juges à travers une décision de condamnation, l'exécution de cette décision constitue un autre défi.

Section 2 : L'exécution des condamnations

Aboutissement de la procédure, l'exécution des condamnations constitue un enjeu majeur dans la stratégie de protection pénale des fonds et biens publics. Elle doit être effective et optimale aussi bien du côté des peines que des condamnations civiles.

Paragraphe 1 : L'exécution des peines

Les peines privatives de liberté (emprisonnement ou réclusion) prononcées contre les auteurs d'infractions liées aux deniers publics ont pour but de leur faire expier leur faute tout en favorisant leur reclassement social.

L'aménagement de ces peines au cours de leur exécution, au-delà de contribuer à la réinsertion sociale des condamnés, peut constituer un levier pour inciter ces derniers à davantage d'effort pour l'apurement de leur dette au titre des réparations prononcées à leur encontre.

Parmi les modes d'aménagement post sentenciels, l'on peut citer la suspension, le fractionnement de peine, la semi-liberté, le placement à l'extérieur, la réduction de peine et la libération conditionnelle[182].

---

181 Sachant que les procès-verbaux d'enquête ne valent, en principe, qu'à titre de renseignements, les inculpés, prévenus et accusés ont tendance à contester systématiquement devant le juge le principe ou la teneur de leurs aveux antérieurs.

182 A noter que le fractionnement de peine et la semi-liberté sont à la fois des modes d'aménagement ab initio et post sentenciels, c'est-à-dire susceptibles d'être appliqués au moment du prononcé de la peine par la

La suspension et le fractionnement de peine permettent à la personne ayant purgé les deux tiers de sa peine, de voir le tiers restant suspendu pendant une durée précise ou exécuté par fractions de temps.

Sous la même condition liée à la peine, la semi-liberté offre la possibilité au condamné, en dehors de la prison, d'exercer une activité professionnelle, de suivre un enseignement, une formation professionnelle ou un stage, de participer à la vie familiale ou de suivre un traitement médical.

Le placement à l'extérieur permet au détenu auquel il reste moins de trois ans à purger, d'être employé en dehors de la prison à des travaux contrôlés par l'administration pénitentiaire.

La réduction de peine permet au condamné ayant fait preuve de bonne conduite de voir sa peine raccourcie de trois mois maximum par année d'incarcération ou de sept jours par mois pour une durée d'incarcération moindre.

La libération conditionnelle, quant à elle, permet à la personne présentant des gages sérieux de réadaptation sociale et ayant purgé au moins la moitié de sa peine, de bénéficier d'une libération anticipée sous certaines conditions précises.

Ces différents modes d'aménagement devraient être étendus à toutes les infractions liées aux deniers publics[183] et être revus dans leurs conditions d'éligibilité pour intégrer les efforts du condamné.

Cette préoccupation est déjà prise en compte en matière de libération conditionnelle au profit d'un condamné pour détournement, escroquerie ou soustraction de deniers publics. En effet, l'article 155 du CP prévoit que la demande ou la proposition de libération conditionnelle ne sera recevable

---

formation de jugement et au stade de l'exécution de la peine par le Comité de l'Aménagement des Peines.

183 En l'état actuel, l'article 44-2 du CP exclut du bénéfice du fractionnement de peine et de la semi-liberté les personnes condamnées pour crime ou DDP.

qu'après restitution ou remboursement de l'intégralité des deniers détournés ou soustraits.

La même conditionnalité doit être étendue aux condamnés pour corruption, trafic d'influence, surfacturation, enrichissement illicite et concussion qui seront astreints, avant toute libération anticipée, à la restitution de tous les fonds ou biens indûment reçus, possédés ou détenus ou au remboursement de tous les droits éludés ou de la valeur des biens ou services non facturés.

Pour la suspension, le fractionnement de peine, la semi-liberté et le placement à l'extérieur, leur bénéfice pourrait être subordonné, par exemple, à la restitution ou au remboursement des trois quarts des fonds ou biens détournés, soustraits ou indûment reçus, possédés ou détenus ou encore des droits éludés ou de la valeur des biens ou services non facturés.

S'agissant de la réduction de peine, elle pourrait être indexée à l'effort de restitution ou de remboursement consenti par le condamné. La part réduite de la peine pourra ainsi être proportionnelle à la part acquittée des restitutions ou remboursements.

Dans le même ordre d'idées que les modes d'aménagement, la grâce présidentielle, totalement discrétionnaire[184], pourrait être encadrée dans le sens d'exiger des bénéficiaires l'apurement de leur dette au titre des réparations préalablement à leur libération.

Au-delà des peines privatives de liberté, l'exécution des amendes et confiscations doit être optimisée.

Les amendes et confiscations en valeur devenues définitives[185] constituent des recettes acquises à l'Etat et aux

---

[184] Le pouvoir de grâce est reconnu au Président de la République par l'article 47 de la Constitution qui ne l'assortit d'aucune condition particulière.

[185] Qui ne sont plus susceptibles de voies de recours suspensives d'exécution (appel et opposition).

collectivités territoriales[186], au recouvrement desquelles il est procédé, notamment, par le biais de la contrainte par corps[187].

La confiscation spéciale, portant sur les fonds ou biens, corps de l'infraction ou sur ceux ayant servi à sa commission ou qui en ont été le produit ainsi que la confiscation générale des biens de l'auteur de l'infraction supposent que les fonds ou biens en question aient été saisis[188] ou gelés au préalable dans le cadre de l'enquête ou de l'information judiciaire.

Compte tenu de la propension des grands délinquants à col blanc à domicilier leurs avoirs à l'étranger, une attention particulière doit être portée à cette catégorie de biens dont le gel et le recouvrement peuvent être obtenus par le biais de l'entraide judiciaire (voir supra, pages 93 et 94 et note de bas de page n° 169).

S'agissant du cas particulier des biens immobiliers, leur saisie, rendue possible par les articles 677-38 et suivants du CPP, pourrait être optimisée par la suppression de l'intermédiation de l'Office national de Recouvrement des Avoirs criminels (ONRAC) dans sa mise en œuvre.

En effet, l'article 677-39 prévoit que les formalités liées à la publication à la Conservation de la propriété foncière de la décision du juge d'instruction ordonnant la saisie sont

---

186 En vertu des articles 185 et 195 du Code général des collectivités territoriales, 60% du produit des amendes prononcées par les tribunaux correctionnels ou de simple police pour les délits et contraventions commis sur le territoire de la ville ou de la commune, sont affectés à celle-ci.

187 Articles 39 et 41-5 du CP. La contrainte par corps consiste à faire incarcérer une personne pour l'inciter à s'acquitter de sa dette au titre d'une amende, d'une confiscation en valeur, d'une restitution ou de dommages et intérêts auxquels il a été définitivement condamné ou pour le paiement desquels elle s'est portée caution. La durée de l'incarcération dépend du montant des condamnations sans pouvoir excéder deux ans. Voir articles 709 et suivants du CPP.

188 La saisie désignait la prise de possession d'un bien par la justice avant que la réforme du CPP de 2021 (loi n° 2021-34) n'introduise la notion de saisie sans dépossession.

effectuées, au nom de celui-ci, par l'ONRAC qui établit à cet effet un formulaire type d'inscription.

L'accomplissement de ces formalités non complexes devrait incomber au juge, assisté du greffier d'instruction, pour plus de célérité.

Au demeurant, dans la perspective de rationalisation des structures et des dépenses publiques, il pourrait être intéressant de fusionner l'ONRAC avec la Caisse des Dépôts et Consignations (CDC) tout en renforçant les moyens des parquets dans l'exécution des amendes et confiscations[189].

Paragraphe 2 : L'exécution des condamnations civiles

Ces condamnations sont constituées des remboursements et dommages et intérêts prononcés au profit de l'Etat ou de l'organisme ayant personnellement souffert du dommage directement causé par l'infraction[190].

Si dans le cadre des poursuites ou au cours de l'instance, l'auteur de l'infraction avait souscrit un cautionnement, notamment pour bénéficier d'une liberté provisoire, une partie de ce cautionnement est affectée à l'exécution des condamnations civiles après prise en charge des frais avancés

[189] Il pourrait être mis en place dans les parquets des bureaux d'exécution opérant en guichet unique parquet-greffe-fisc-trésor-CDC, pour faciliter et fluidifier le paiement des amendes et confiscations en valeur et le versement des cautionnements et consignations diverses. La gestion des biens saisies pourrait être confiée à la CDC et la vente des biens confisqués échoir à l'administration des domaines comme c'était le cas avant la réforme du CP de 2021.

[190] Article 2 du CPP. L'application de cette disposition avait fait débat lors du procès sur l'affaire Khalifa Ababacar SALL, Maire de la Ville de Dakar poursuivi, entre autres, pour escroquerie sur les deniers publics. En effet, par jugement du 30 mars 2018, le TGI de Dakar avait débouté l'Etat de sa demande de réparation avant que la Cour d'Appel n'infirme sa décision le 30 août 2018, position de la Cour d'Appel confirmée par la Cour Suprême par arrêt du 3 janvier 2019.

par la partie civile et la partie publique et apurement des amendes[191].

A défaut pour le condamné de s'acquitter spontanément de sa dette au titre des réparations dans les trois mois à compter du jour où sa condamnation est devenue définitive, il peut faire l'objet de contrainte par corps à la diligence du ministère public[192].

Si malgré l'exercice de cette contrainte, le condamné ne s'acquitte pas de sa dette, l'Etat ou l'organisme victime peut recourir aux voies d'exécution du droit civil, notamment la saisie-vente et la saisie immobilière[193], à la diligence de l'Agent judiciaire de l'Etat[194] ou du représentant légal de l'organisme concerné.

A noter que pour le recouvrement de leurs créances, les personnes morales de droit public et les sociétés nationales peuvent donner mandat à la Société nationale de

---

191 Articles 133 et suivants du CPP

192 Idem, articles 709 et 712

193 La saisie vente désigne la procédure permettant à un créancier de faire saisir et vendre des biens meubles corporels appartenant à son débiteur afin de se payer sur le prix. La saisie immobilière, comme son nom l'indique, permet de faire vendre les immeubles du débiteur aux même fins. Voir articles 91 et suivants et 246 et suivants de l'Acte uniforme OHADA portant organisation des procédures simplifiées de recouvrement et des voies d'exécution.

194 L'Agence judiciaire de l'Etat est une direction rattachée directement au ministre en charge des Finances, compétente pour le règlement de toutes les affaires contentieuses où l'Etat est partie devant les instances judiciaires ou arbitrales nationales et internationales. Elle est chargée, en particulier, de saisir les parquets compétents des infractions commises contre l'Etat et d'exercer les poursuites pour le recouvrement des créances non fiscales et non domaniales de l'Etat. Elle peut agir aux côtés des représentants légaux des entreprises publiques ou les suppléer au besoin, pour leur représentation en justice (articles 153 et 154 du décret n° 2014-1171 portant organisation du Ministère de l'Economie, des Finances et du Plan, modifié).

Recouvrement (SNR)[195] qui dispose d'une longue expérience dans son domaine.

L'exécution des condamnations civiles est poursuivie même en cas de décès du condamné. En pareille occurrence, les remboursements et dommages et intérêts grèvent le patrimoine du défunt et devront être apurés par ses héritiers sauf renonciation à la succession[196].

Dans le cas d'un condamné possédant des biens à l'étranger, l'exécution forcée de la décision pourra être poursuivie dans le pays abritant les biens grâce à la procédure d'exequatur[197].

---

[195] Article 10 de la loi n° 91-21 portant création de la SNR

[196] Voir articles 407, 410 et 445 du Code de la famille

[197] Procédure permettant de rendre exécutoire sur le territoire d'un Etat, une décision de justice, une sentence arbitrale ou un acte notarié émanant de l'étranger. L'exequatur est accordé par une décision du juge sous certaines conditions. Au Sénégal, ces conditions sont fixées par l'article 787 du Code de procédure civile.

CONCLUSION

Les autorités et agents publics impliqués dans la gestion des fonds et biens publics ainsi que ceux dont les décisions peuvent impacter lesdits deniers doivent avoir un sens élevé des responsabilités, faire preuve de probité et s'abstenir ainsi de tout comportement susceptible de nuire à la sauvegarde des deniers ou à l'optimisation des ressources publiques.

La probité et le patriotisme doivent également animer les organismes privés et les particuliers dans leur rapport à l'argent et aux biens publics et les amener à s'écarter de toute pratique frauduleuse ou corruptive.

Ainsi, les indélicatesses commises de part et d'autre doivent être réprimées efficacement par la loi, ce qui appelle des réformes pour élargir les incriminations et renforcer les peines tout en rendant ces dernières flexibles dans la limite nécessaire au reclassement des délinquants, au recouvrement des avoirs illicites et à la sauvegarde des intérêts de l'Etat et des autres entités publiques.

L'effectivité et l'efficacité de la répression sont également attendues du côté des acteurs judiciaires et de leurs collaborateurs, à travers l'appropriation de leurs responsabilités et la mise en œuvre d'approches innovantes, le tout accompagné par une réforme de la procédure pénale qui aura aussi pour but d'éliminer les obstacles et difficultés dans les poursuites et déconcentrer la compétence juridictionnelle.

Au-delà du cadre légal et des acteurs locaux, la coopération internationale, à travers les organisations et fora regroupant les polices et les cellules de renseignement financier, et l'entraide judiciaire, doit être mise à profit pour la « traque » et le recouvrement des avoirs illicites détenus à l'étranger.

La perspective de modernisation de l'Etat et des administrations publiques par la simplification et la digitalisation des procédures dans les différents secteurs de la vie publique, offre beaucoup d'espoir pour l'amélioration de la transparence et, partant, l'élimination des niches de malversation et de corruption.

La forte appropriation du « mobile money » par les populations et les efforts déployés par la BCEAO pour accroire l'inclusion par l'interopérabilité des services financiers numériques dans l'espace UMEOA, offrent également un grand espoir quant au renforcement du suivi des flux financiers et des transactions, propice à la lutte contre le blanchiment de capitaux et la fraude fiscale.

BIBLIOGRAPHIE INDICATIVE

OUVRAGES

1) André VITU et Wilfrid JEANDIDIER, « Destruction et détournement de biens par des personnes exerçant une fonction publique », 2017, http://pierregenevier.eu/npdf2/jurisclа-432-15-6-6-17.pdf consulté le 30 août 2024
2) Jean-François RENUCCI, « Loyauté des preuves et distinction entre "provocation à l'infraction" et "provocation à la preuve" », Revue de science criminelle et de droit pénal comparé, 2014/4 n° 4, https://www.cairn.info/revue-de-science-criminelle-et-de-droit-penal-compare-2014-4-page-843.htm consulté le 30 août 2024
3) Kimberly PROST, « pratique et nouvelles tendances de l'entraide judiciaire : l'avenir de la coopération internationale », 1998, https://www.oas.org/ext/Portals/33/Files/MLA/can_mla_doc_fr.pdf consulté le 30 août 2024
4) Marion WAGNER, « Le droit pénal spécial et les fonctions publiques : une illustration des affres de la pénalisation à outrance », Revue de science criminelle et de droit pénal comparé, 2011/1 n° 1, https://www.cairn.info/revue-de-science-criminelle-et-de-droit-penal-compare-2011-1-page-37.htm consulté le 30 août 2024
5) Melwin KERBOUB, *Le sens de la peine de confiscation dans le cadre des atteintes aux biens*, mémoire de master, Aix-Marseille Université, 2022, https://dumas.ccsd.cnrs.fr/dumas-03719360/document consulté le 30 août 2024
6) Ngouda Fall KANE, *Criminalité financière en Afrique et moyens de lutte : l'exemple du Sénégal*, Dakar, Harmatan, 2021, 388 p.
7) Serge GUINCHARD, *Lexique des termes juridiques*, Dalloz, 21e édition, 2014, 993 p.

ARTICLES DE PRESSE

1) Mamadou Abdoulaye SOW, « Fonds spéciaux, fonds secrets et fonds politiques, le brouillard financier », Quotidien Enquête Plus, 30 septembre 2017, https://www.enqueteplus.com/content/fonds-speciaux-fonds-secrets-et-fonds-politiques-le-brouillard-financier consulté le 30 août 2024
2) Mamadou Abdoulaye SOW, « Sur la caisse d'avance de la Mairie de Dakar », 25 décembre 2017, https://actusen.sn/mamadou-abdoulaye-sow-inspecteur-principal-du-tresor-a-la-retraite-se-prononce-sur-la-caisse-davance-de-la-mairie-de-dakar/ consulté le 30 août 2024

TEXTES OFFICIELS

1) Constitution de la République du Sénégal
2) Convention des Nations unies contre la corruption du 31 octobre 2003
3) Convention des Nations unies contre la criminalité transnationale organisée du 15 novembre 2000
4) Convention de l'Union africaine sur la prévention et la lutte contre la corruption du 11 juillet 2003
5) Protocole de la CEDEAO sur la lutte contre la corruption du 21 décembre 2001
6) Règlement n° 05/CM/UEMOA du 25 septembre 2014 relatif à l'harmonisation des règles régissant la profession d'avocat dans l'espace UEMOA
7) Acte uniforme OHADA portant organisation des procédures simplifiées de recouvrement et des voies d'exécution
8) Directive n° 07/2002/CM/UEMOA du 19 septembre 2002 relative à la lutte contre le blanchiment de capitaux
9) Loi organique n° 2020-07 du 26 février 2020 relative aux lois de finances
10) Loi organique n° 2016-26 du 05 août 2016 portant statut des magistrats de la Cour des Comptes

11) Loi organique n° 2012-23 du 27 décembre 2012 sur la Cour des Comptes
12) Loi organique n° 2002-20 du 15 mai 2002 portant Règlement intérieur de l'Assemblée nationale, modifiée par la loi organique n° 2024-12 du 30 août 2024
13) Loi n° 2024-08 du 14 février 2024 relative à la lutte contre le blanchiment de capitaux et le financement du terrorisme et de la prolifération des armes de destruction massive
14) Loi n° 2023-14 du 02 août 2023 modifiant la loi n° 65-61 du 21 juillet 1965 portant Code de procédure pénale
15) Loi d'orientation n° 2022-08 du 19 avril 2022 relative au secteur parapublic, au suivi du portefeuille de l'Etat et au contrôle des personnes morales de droit privé bénéficiant du concours financier de la puissance publique
16) Loi n° 2021-34 du 23 juillet 2021 modifiant la loi n° 65-61 du 21 juillet 1965 portant Code de procédure pénale
17) Loi n° 2021-33 du 23 juillet 2021 modifiant la loi n° 65-60 du 21 juillet 1965 portant Code pénal
18) Loi n° 2021-23 du 02 mars 2021 relative aux contrats de partenariat public-privé
19) Loi n° 2018-03 du 23 février 2018 relative à la lutte contre le blanchiment de capitaux et le financement du terrorisme, abrogée
20) Loi n° 2016-30 du 08 novembre 2016 modifiant la loi n° 65-61 du 21 juillet 1965 portant Code de procédure pénale
21) Loi n° 2015-16 du 06 juillet 2015 autorisant le Président de la République à ratifier le Protocole de la CEDEAO sur la lutte contre la corruption
22) Loi n° 2014-17 du 02 avril 2014 relative à la déclaration de patrimoine, modifiée par la loi n° 2024-07 du 09 février 2024
23) Loi n° 2014-10 du 28 février 2014 portant Code des douanes
24) Loi n° 2013-10 du 28 décembre 2013 portant Code général des collectivités territoriales, modifiée

25) Loi n° 2012-31 du 31 décembre 2012 portant Code général des impôts, modifiée
26) Loi n° 2012-30 du 28 décembre 2012 portant création de l'OFNAC, modifiée par la loi n° 2024-06 du 09 février 2024
27) Loi n° 2011-14 du 08 juillet 2011 portant statut des Inspecteurs généraux d'Etat
28) Loi n° 94-44 du 27 mai 1994 portant Code de justice militaire
29) Loi n° 91-21 du 16 février 1991 portant création de la Société nationale de Recouvrement
30) Loi n° 81-54 du 10 juillet 1981 créant une Cour de Répression de l'Enrichissement illicite, abrogée
31) Loi n° 81-53 du 10 juillet 1981 relative à la répression de l'enrichissement illicite
32) Loi n° 72-61 du 12 juin 1972 portant Code de la famille, modifiée
33) Loi n° 65-61 du 21 juillet 1965 portant Code de procédure pénale, modifiée
34) Loi n° 65-60 du 21 juillet 1965 portant Code pénal, modifiée
35) Code pénal français
36) Code de procédure pénale français
37) Décret n° 2022-2295 du 28 décembre 2022 portant Code des marchés publics
38) Décret n° 2021-1443 du 27 octobre 2021 portant application de la loi n° 2021-23 du 02 mars 2021 relative aux contrats de partenariat public-privé
39) Décret n° 2020-1524 du 17 juillet 2020 fixant le statut des notaires
40) Décret n° 2020-978 du 23 avril 2020 portant Règlement général sur la comptabilité publique
41) Décret n° 2018-842 du 09 mai 2018 sur la comptabilité des matières, modifié
42) Décret n° 2014-1171 du 16 septembre 2014 portant organisation du Ministère de l'Economie, des Finances et du Plan, modifié

43) Décret n° 2013-1449 du 13 novembre 2013 fixant les modalités d'application de la loi organique n° 2012-23 du 27 décembre 2012 sur la Cour des Comptes
44) Décret n° 2007-909 du 31 juillet 2007 relatif à l'organisation et au fonctionnement de la Présidence de la République, modifié
45) Décret n° 2007-809 du 08 juin 2007 fixant les règles d'organisation et de fonctionnement de l'IGE, modifié
46) Décret n° 2005-576 du 22 juin 2005 portant charte de transparence et d'éthique en matière de marchés publics
47) Décret n° 64-572 du 30 juillet 1964 portant Code de procédure civile, modifié
48) Décret français n° 2012-1246 du 07 novembre 2012 relatif à la gestion budgétaire et comptable publique, modifié
49) Décret français n° 62-1587 du 29 décembre 1962 portant règlement général sur la comptabilité publique, abrogé

JURISPRUDENCE

1) CC, décision n° 1/C/2014 du 3 mars 2014
2) Cass. pén., 18 avril 1995, n° 14
3) Cass. pén., 20 avril 1999, n° 50
4) CEDH, 15 déc. 2005, Vanian c/ Russie, n° 53203/99
5) CC, décision n° 80-127 DC du 20 janvier 1981
6) CE, Ass., 31 mai 1957, Rosan GIRARD
7) Cass. crim., 12 septembre 2018, n° 17-83793
8) Cass. crim., 5 avril 2018, n° 17-81912
9) Cass. crim., 22 février 2017, n° 15-87328
10) Cass. crim., 7 décembre 2016, n° 15-87335
11) Cass. crim., 26 octobre 2016, n° 15-84552
12) Cass. crim., 29 juin 2016, n° 15-83598
13) Cass. crim., 23 juillet 2014, n° 14-90024
14) Cass. crim., 30 janvier 2013, n° 11-89224
15) Cass. crim., 10 septembre 2008, n° 08-80589
16) Cass. crim., 25 juin 2008, n° 07-88373
17) Cass. crim., 14 janvier 2004, n° 03-83396

18) Cass. crim., 11 décembre 2002, n° 02-80699
19) Cass. crim., 21 novembre 2001, n° 00-87532
20) Cass. crim., 24 octobre 2001, n° 00-88165
21) Cass. crim., 21 juin 2000, n° 99-86871
22) Cass. crim., 22 septembre 1998, n° 96-83990
23) Cass. crim., 14 février 1995, n° 94-80797

SITES INTERNET

https://www.conseil-constitutionnel.fr
https://www.conseil-etat.fr
https://www.dalloz-actualite.fr
https://dictionnaire-juridique.com
https://dictionnaire.lerobert.com
https://dri.gouv.sn
https://droit.savoir.fr
https://juricaf.org
https://larousse.fr
https://www.legifrance.gouv.fr
https://www.rfi.fr/fr/afrique

TABLE DES MATIERES

Structures éditoriales du groupe L'Harmattan

L'Harmattan Italie
Via degli Artisti, 15
10124 Torino
harmattan.italia@gmail.com

L'Harmattan Hongrie
Kossuth l. u. 14-16.
1053 Budapest
harmattan@harmattan.hu

L'Harmattan Sénégal
10 VDN SICAP AMITIE 3
BP 45034 Dakar-Fann
direction@senharmattan.com

L'Harmattan Cameroun
Tsinga/Derrière polyclinique FECAFOOT
BP 11486 Yaoundé
Jacques.koukam@harmattan.fr

L'Harmattan Burkina Faso
Villa 281, secteur 23 623, rue 14.32
Ouagadougou
zagbie@outlook.fr

L'Harmattan Guinée
Almamya, rue KA 028 OKB Agency
BP 3470 Conakry
harmattanguinee@yahoo.fr

L'Harmattan RDC
185, avenue Nyangwe
Commune de Lingwala - Kinshasa
matangilamusadila@yahoo.fr

L'Harmattan Congo
219, avenue Nelson Mandela
BP 2874 Brazzaville
deunovmikhael@gmail.com

L'Harmattan Mali
Immeuble Mgr Jean Marie Cissé
Aci Hamadallaye
BP 145 Bamako
syllaka@yahoo.fr

L'Harmattan Togo
Djidjole - Maison Amela
face EPP BATOME
02 BP 20680 Lomé
didieramela11@gmail.com

L'Harmattan Côte d'Ivoire
Résidence Karl - Cité des Arts
Abidjan-Cocody
03 BP 1588 Abidjan
harmattan.ivoire@gmail.com

L'Harmattan Bénin
Rue 604, (Immeuble à l'entrée
de la rue UCAO- Cite de Saint-Jean)
Cotonou
stepcorpus@gmail.com

Nos librairies en France

Librairie internationale
16, rue des Écoles
75005 Paris
librairie.internationale@harmattan.fr
01 40 46 79 11
www.librairieharmattan.com

Librairie des savoirs
21, rue des Écoles
75005 Paris
librairie.sh@harmattan.fr
01 46 34 13 71
www.librairieharmattansh.com

www.ingramcontent.com/pod-product-compliance
Lightning Source LLC
LaVergne TN
LVHW010024081026
849535LV00016B/3335